APUNTES PARA EL MÓDULO DE "IMPLANTACIÓN DE APLICACIONES INFORMÁTICAS DE GESTIÓN" DE 2º CURSO DEL CICLO FORMATIVO DE GRADO SUPERIOR DE "ADMINISTRACIÓN DE SISTEMAS INFORMÁTICOS"

IMPLANTACIÓN DE APLICACIONES INFORMÁTICAS DE GESTIÓN

Bloque teórico

Autora: Rosa Mª Romero Serrano

(Profesor Técnico de FP - Informática)

IMPLANTACIÓN DE APLICACIONES INFORMÁTICAS DE GESTIÓN

Edita: www.lulu.com

ISBN: 978-1-84799-075-4

A mi familia, por los momentos robados para poder realizar esta publicación

PROLOGO

La presente publicación tiene como objetivo acercar al alumno de ciclos formativo a un tipo concreto de aplicaciones informáticas, las aplicaciones de gestión. Muchas son las publicaciones a este respecto y muy amplio su campo, por lo que estas páginas son un intento de recopilación de la información más relevante de cara a ofrecer un rápido vistazo a nuestros estudiantes de lo que pueden encontrar a día de hoy en una empresa durante su FCT o una vez empiecen a trabajar en ella tras su periodo formativo.

A lo largo de estos apuntes nos vamos a centrar en las APLICACIONES INFORMÁTICAS DE GESTIÓN, para ello comenzaremos con la definición de aplicación informática, ubicaremos este tipo de aplicaciones dentro del amplio mundo del "software", veremos ligeramente los distintos tipos de aplicaciones existentes, para centrarnos al fin en un tipo concreto de ellas, las aplicaciones informáticas de gestión.

Este tipo de aplicaciones está muy relacionado con el concepto de empresa, su estructura, los sistemas de información, etc. Es por ello que también haremos una breve incursión en estos conceptos que son tratados con detalle en otros módulos de ciclos formativos (FOL o RET).

Esta publicación se complementa con una colección de CASOS PRÁCTICOS, en los que se intenta profundizar en algunas aplicaciones de gestión disponibles en el mercado.

INDICE DE CONTENIDOS

1. INTRODUCCIÓN A LAS APLICACIONES INFORMÁTICAS 1

2 APLICACIONES INFORMÁTICAS DE EMPRESA 5

2.1 DEFINICIÓN DE EMPRESA. CLASIFICACION 5

2.2 LA EMPRESA Y SUS NECESIDADES 6

2.3 LOS SISTEMAS DE INFORMACIÓN EN LA EMPRESA 8

2.4 APLICACIONES DE GESTIÓN. CARACTERÍSTICAS 11

2.5 TIPOS DE APLICACIONES DE GESTIÓN 14

2.5.1 SOLUCIONES CRM (Customer Relationship Management) 14

2.5.2 SOLUCIONES ERP (Enterprise Resource Planning) 15

2.5.3 SOLUCIONES E-BUSINESS (Comercio electrónico) 17

2.5.4 BUSINESS INTELLIGENCE 17

2.5.5 LOS SISTEMAS DE WORKFLOW 20

2.5.6 SISTEMAS DE GESTIÓN DOCUMENTAL 21

3 IMPLANTACIÓN DE APLICACIONES INFORMÁTICAS 24

3.1 IMPACTO EN LAS EMPRESAS 24

3.2 REQUISITOS DE INSTALACIÓN 25

3.3 REQUISITOS DE SEGURIDAD. 27

4 IMPLANTACIÓN DE APLICACIONES INFORMÁTICAS DE GESTIÓN 27

4.1 LA TOMA DE DATOS: NECESIDAD DE CONSULTORÍA PREVIA 27

4.2 IMPACTO EN LAS EMPRESAS 29

4.3 REQUISITOS DE INSTALACIÓN 30

4.4 REQUISITOS DE SEGURIDAD. LOPD 31

4.5 CARGA DE DATOS: NUEVOS, EXISTENTES, MIGRACIONES, COMPATIBILIDADES 35

4.6 PRUEBAS Y PUESTA EN MARCHA 36

4.7 DOCUMENTACION 37

4.8 FORMACIÓN A USUARIOS 38

5 HERRAMIENTAS ERP-CRM COMERCIALES 39

5.1 ORACLE ____ 39
Oracle e-Business Suite Release 12 ____ 39
PeopleSoft Enterprise ____ 40
Siebel 41
JD Edwards Enterprise EnterpriseOne 8.12 ____ 41
5.2 SAP ____ 43
5.3 MICROSOFT ____ 48
Microsoft Dynamics CRM ____ 48
Microsoft Dynamics NAV (Antes Microsoft Business Solution – NAVISION) ____ 51
5.4 META4 ____ 54
Nóminas 54
Capital humano ____ 57
Portal del empleado ____ 58
Requerimientos técnicos: ____ 59
6 HERRAMIENTAS ERP-CRM OPEN SOURCE ____ 61
6.1 OPENBRAVO ____ 61
6.2 ADEMPIERE ____ 63
6.3 SUGARCRM ____ 64
6.4 OTROS ____ 65
7 BIBLIOGRAFIA, RECURSOS, REFERENCIAS Y ENLACES ____ 67

1. INTRODUCCIÓN A LAS APLICACIONES INFORMÁTICAS

En otras asignaturas y módulos relacionados con la informática ya se ha estudiado concepto de **SISTEMA INFORMÁTICO**. Podemos decir que éste está formado por:

- Hardware
- Software
- Usuarios

La **PARTE HARDWARE** la forman todos los dispositivos físicos que forman parte del sistema informático, empezando por el ordenador hasta los diversos periféricos y dispositivos de comunicaciones, como enrutadores, módems, conmutadores, etc.

La **PARTE SOFTWARE** la forman todos los programas y aplicaciones que sirven para controlar todo el sistema informático. Distinguiremos entre:

- **SOFTWARE DE SISTEMA:** es la parte más importante puesto que desempeña la función primordial de controlar los elementos hardware de que se compone el sistema informático. El protagonista de este tipo de software es el **SISTEMA OPERATIVO**, que constituye la base sobre la que se instalarán el resto de aplicaciones y que permitirá al usuario controlar el sistema informático.
- **SOFTWARE DE APLICACIÓN o APLICACIONES**: se trata de programas informáticos que realizan una función concreta. Necesitan de la instalación y configuración previa del sistema operativo y dependen de él, existiendo aplicaciones para Windows, Linux, UNIX, MAC, etc.

Cada vez es mayor el número de ramas de conocimiento que se apoyan en la informática para desempeñar su función o su trabajo. Es por ello que el número de aplicaciones o programas informáticos que encontramos en el mercado es numerosísimo, tanto que admiten muchas clasificaciones posibles, como veremos posteriormente. Ya no sólo los científicos, investigadores, ingenieros o arquitectos necesitan para su trabajo un ordenador, sino que también los profesores de matemáticas, los de educación física, los farmacéuticos, médicos, abogados, ingenieros, contables, gestores, y muchos más han descubierto en la informática una herramienta que les puede facilitar mucho las cosas.

Además del requisito de sistema operativo sobre el que pueden funcionar, en función del trabajo que tenga que realizar la aplicación en cuestión ésta precisará de otro tipo de requisitos como:

- versiones de otras aplicaciones que necesita tener preinstaladas, otras librerías, etc.
- determinadas "características hardware", como procesador mínimo, memoria RAM deseable, espacio libre necesario en el disco duro para instalarse, características de la tarjeta gráfica, etc.

Por ello es conveniente, a la hora de adquirir una aplicación informática, que tengamos en cuenta estos requisitos indicados por el fabricante, ya que de lo contrario nos podemos encontrar con deficiencias en el rendimiento de la aplicación.

En cuanto al tipo de tareas que suelen realizar las aplicaciones informáticas en general están:

- Trabajo contra las bases de datos: creación / modificación / eliminación de bases de datos, creación / modificación / eliminación de tablas, inserción / modificación / borrado de registros, etc.
- Trabajo con ficheros y directorios: creación / modificación / eliminación de ficheros y directorios
- Control de usuarios permitiendo o denegando el acceso a determinadas partes de la aplicación o a parte de la información que maneja.
- Cálculos diversos: matemáticos, de estructuras, de nóminas, contables, etc.
- Labores de comunicaciones, transferencia electrónica de la información que contienen o generan.
- Desarrollo, depuración, etc., de otras aplicaciones

CLASIFICACIÓN DE LAS APLICACIONES

Tal y como he indicado anteriormente, debido al gran número de aplicaciones existentes, podemos clasificarlas según diferentes criterios:

- Por el alcance la aplicación:
    - **APLICACIONES HORIZONTALES**: son un tipo de aplicaciones bastante genéricas y que sirven para muchos propósitos.
    - **APLICACIONES VERTICALES**: son aplicaciones específicas para un sector o un tipo de negocio en particular.
- Por su flexibilidad:
    - **APLICACIONES A MEDIDA**: son aplicaciones desarrolladas por un grupo de informáticos especializados en respuesta a una problemática o un cliente concreto.

- **APLICACIONES PARAMETRIZABLES o MIXTAS**: son un tipo de aplicaciones que, partiendo de un estándar o una base genérica, permiten ser parcialmente moldeadas para satisfacer los requerimientos del cliente.
- **APLICACIONES ESTÁNDAR**: son aplicaciones genéricas que sirven para cualquier empresa, sin posibilidad de personalización alguna.

Ejercicios propuestos:

---

1. ***Atendiendo a los criterios expuestos anteriormente, buscar ejemplos de los distintos tipos de aplicaciones***
2. ***Busca información acerca del SharePoint Server de Microsoft, ¿en qué consiste?***

Otra manera de clasificar las aplicaciones es atendiendo a su función principal, como los ejemplos que se indican a continuación:

- **PROCESADORES DE TEXTO**: Lotus Word Pro, Microsoft Word, Corel WordPerfect, OpenOffice.org Writer.
- **HOJAS DE CÁLCULO**: Quattro Pro, Lotus 1-2-3, OpenOffice.org Calc, Microsoft Excel.
- **BASES DE DATOS Y SISTEMAS GESTORES DE BASES DE DATOS**: MySQL, Microsoft Access, Visual FoxPro, dBase, Oracle, SQLServer, DB2, PostGreSQL.
- **CORREO ELECTRÓNICO Y MENSAJERÍA**: Safari, Opera, MSN Messenger, Yahoo Messenger, Pegasus, ICQ, MS Outlook, MS Outlook Express, Mozilla Thunderbird, Skype
- **MULTIMEDIA**: Windows Media Player, Real Player, PowerDVD, QuickTime.
- **PRESENTACIONES**: MS PowerPoint, OpenOffice Impress, Corel Presentations, MovieMaker, Lotus Freelance.
- **DISEÑO, RETOQUE FOTOGRÁFICO**: Corel Draw, GIMP, Corel PHOTO-PAINT, Corel Painter, Adobe Photoshop, Microsoft Photo Editor, Microsoft Paint, Microsoft Publisher, AutoCAD, Macromedia Fireworks,.
- **DE EDICIÓN**: Corel Ventura, QuarkXPress, Adobe PageMaker, Adobe InDesign, FrameMaker, Macromedia FreeHand, Pinacle.
- Aplicaciones para la **ELECTRÓNICA**: Electronic WorkBench, Orcad,
- Aplicaciones para **CAD, CAM**: Autocad, 3DStudio.

La lista se hace interminable si añadimos las aplicaciones específicas para colectivos como: farmacéuticos, abogados, médicos, odontólogos, etc.

Algunas de estas aplicaciones las podemos encontrar agrupadas en lo que se llaman **PAQUETES OFIMÁTICOS INTEGRADOS** que ofrecen un conjunto de programas de uso general de ámbito administrativo (procesador de textos, hoja de cálculo, presentaciones, base de datos, agenda, correo electrónico) totalmente integrado y cuya distribución y venta se hace en un único paquete. Ejemplos de estos paquetes comerciales: Microsoft Office, Lotus SmartSuite, StarOffice. También encontramos paquetes ofimáticos "Open- Source", como OpenOffice y gratuitos como Lotus Symphony.

Los objetivos que persiguen con estos paquetes son:

- facilitar el trabajo al usuario de varias aplicaciones integrando varias de ellas
- aumentar la productividad del usuario
- fomentar y facilitar el trabajo en grupo
- beneficiarse de las nuevas tecnologías como internet
- posibilidad de sincronización con dispositivos móviles: PDA's, teléfonos móviles, etc.

Ejercicios propuestos:

---

1. ***Describir qué herramientas individuales tiene cada una de las siguientes suites:***
   a. ***Microsoft Office***
   b. ***Lotus IBM SmartSuite***
   c. ***OpenOffice***
   d. ***SUN StarOffice***

   Indicando las versiones que se distribuyen: edición para casa, para estudiantes, corporativas, etc.
2. ***Realizar una breve comparativa entre las suites anteriores en forma de tabla***
3. ***Averigua los precios orientativos de las suites ofimáticas anteriores, indicando su política de licencias y el sitio web de los fabricantes.***

2 APLICACIONES INFORMÁTICAS DE EMPRESA

2.1 DEFINICIÓN DE EMPRESA. CLASIFICACION

Si buscamos en el Diccionario de la Lengua Española (http://buscon.rae.es/drael/) el término EMPRESA, encontramos los siguientes significados:

- Acción o tarea que entraña dificultad y cuya ejecución requiere decisión y esfuerzo.
- Unidad de organización dedicada a actividades industriales, mercantiles o de prestación de servicios con fines lucrativos.
- Lugar en que se realizan estas actividades.
- Intento o designio de hacer algo.
- Símbolo o figura que alude a lo que se intenta conseguir o denota alguna prenda de la que se hace alarde, acompañada frecuentemente de una palabra o mote.

Pues bien, para nosotros una **EMPRESA** será una agrupación de personas, recursos materiales y económicos que se unen para desempeñar una función y que tiene como fin el obtener un beneficio económico.

La **CLASIFICACIÓN DE LAS EMPRESAS** también la podemos hacer atendiendo a diferentes criterios:

- según su tamaño, aunque su línea divisoria no está clara:

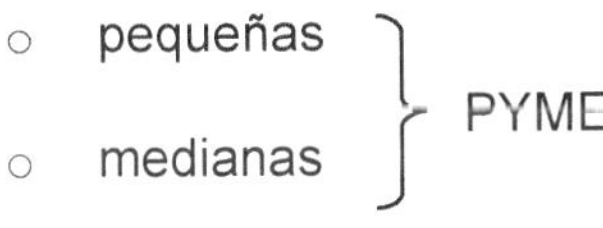

  - grandes
- por su actividad:
  - del sector primario
  - industriales
  - de servicios
- por su ámbito:
  - locales / provinciales / regionales
  - nacionales
  - multinacionales

- por su forma jurídica:
    - individuales
    - sociales, con distintos tipos de formación de sociedades
- por el propietario del capital:
    - públicas
    - privadas

Ejercicio propuesto:

Buscar 5 ejemplos de cada uno de los tipos de empresas, según las distintas clasificaciones realizadas

---

2.2 LA EMPRESA Y SUS NECESIDADES

Internamente, una empresa se organiza o divide en diversos departamentos cada uno de los cuales desempeña una serie de funciones y que se organizan formando una estructura concreta.

La informática en la empresa debe concebirse como una herramienta que mejore la eficiencia y la eficacia interna, lo que repercutirá en una mayor y mejor productividad de la misma, mejorando las relaciones con los clientes y los proveedores.

Podemos encontrar diversidad de aplicaciones en el mercado para las empresas en función de su actividad. Muchas de ellas son sectoriales, pero existen otras aplicaciones que pueden ser comunes a distintas empresas como nóminas, control de accesos, control de presencia, etc.

En función del tipo y la actividad a la que se dedica la empresa podemos encontrar en ellas los siguientes departamentos:

- Administración
- Comercial:
    - Compras
    - Ventas
- Marketing

- Contabilidad y Finanzas
- Recursos humanos
- Producción
- Proyectos
- Investigación y Desarrollo
- Logística

Si bien cada departamento puede utilizar unas aplicaciones informáticas distintas, en habitual encontrarnos con que todos los departamentos de la misma empresa tienen en común algunas de ellas, además de que seguramente no sólo las aplicaciones sino también los datos con los que trabajan muchas veces son los mismos o están relacionados.

Cuando el volumen de estos datos que maneja la empresa aumenta, es un objetivo primordial el evitar duplicidades, el compartir datos estratégicos y datos maestros, así como el tener siempre la información actualizada. Precisamente, uno de los valores de la información es el momento temporal en el que se trabaja con ella. En alguna ocasión hemos oído la expresión: "La información es poder", pues bien, es "poder" cuando dicha "información", además de ser "verdadera", es "actual", es decir, a tiempo real.

Las aplicaciones informáticas que podemos encontrar en las empresas dependen de varios factores entre los cuales destacamos el tamaño, la actividad y el grado de informatización de la misma.

Las empresas pequeñas no suelen invertir mucho en informática, a lo sumo algún ordenador o TPV desde el que se realizarían las labores de contabilidad y gestión utilizando aplicaciones estándar.

Las empresas medianas suelen contar con un parque informático mayor y nos podemos encontrar con algunas que ya disponen de un departamento de informática o que subcontratan estos temas con empresas pequeñas de informática, servicios técnicos, etc. En estos casos es habitual encontrar ordenadores para los empleados con aplicaciones de tipo ofimático, algún programa estándar de contabilidad e incluso algún pequeño paquete estándar de gestión. Si el departamento de informática es grande se suelen encontrar también desarrollos a medida.

En el caso de empresas grandes, la inversión en tecnología y en informática suele ser importante. El departamento de informática suele estar dividido para abordar los distintos tipos de aplicaciones informáticas. La organización interna de la empresa y su función condiciona el tipo de aplicaciones existentes, si bien es común a todas ellas la existencia de sistemas operativos cliente / servidor, paquetes ofimáticos integrados, servidores de base de datos, de correo y cada vez más servidores web intranet / internet.

Nosotros distinguiremos tres vertientes en cuanto al tipo de aplicaciones que nos podemos encontrar en una empresa:

- aplicaciones ofimáticas
- aplicaciones de gestión interna, sistemas de información internos a la empresa
- aplicaciones específicas para una rama de la ciencia

El objetivo es la integración de todas ellas pero es una tarea nada fácil, sobre todo cuando aumenta el nivel de complejidad tanto de las aplicaciones como de la empresa en cuestión.

El objetivo de estos apuntes es el de asomarnos al apasionante mundo de los sistemas de información empresarial, grandes sistemas que, además de ayudar al usuario en su tarea diaria, permiten informar a los directivos de alto nivel de la situación real del negocio como apoyo para la toma de decisiones estratégicas.

2.3 LOS SISTEMAS DE INFORMACIÓN EN LA EMPRESA

Entendemos como **SISTEMA DE INFORMACIÓN EN LA EMPRESA**, en adelante S. I., al conjunto de recursos tanto técnicos, como humanos y económicos, estrechamente relacionados con el fin de satisfacer las necesidades de información de una empresa para llevar a cabo su gestión y una correcta toma de decisiones.

Para que el S. I. sea realmente útil, debe facilitar toda la información que la organización requiera, aprovechando al máximo todos los recursos y en el menor tiempo posible.

Los sistemas de información se apoyarán en el sistema informático de la empresa, permitiendo el tratamiento automatizado de la información, su publicación y difusión.

El auge de las nuevas tecnologías de la información y las comunicaciones permiten ampliar las posibilidades de negocio de la empresa y mejorar las relaciones externas con proveedores y con clientes, pero obligando a la empresa a una gestión interna mucho más eficaz. Una de las herramientas con que cuenta para tal fin son precisamente los **SISTEMAS DE GESTIÓN.**

El S. I. recibirá datos de diversas fuentes internas o externas a la organización, los almacenará y procesará de la manera precisa, y generará unos datos de salida en formato útil para el usuario final.

Una de las funciones principales de los directivos de empresa es la de **TOMA DE DECISIONES.** Para poder realizar esto adecuadamente, se debe apoyar en una información de calidad que le permita evaluar situaciones, elaborar y corregir planes, controlar programas y proyectos y comunicar sus decisiones a quien corresponda dentro de la organización.

Ante un entorno tan competitivo como el empresarial, se hace necesario un análisis y control exhaustivo del mercado, una mayor capacidad de reacción y cambio ante los posibles cambios, mayor control de costes y beneficios, etc. Es por ello que a lo largo del tiempo y conforme las posibilidades informáticas lo han ido permitiendo, se han ido introduciendo sistemas, aplicaciones y herramientas que ayudan a realizar todas estas tareas, hasta llegar a los sistemas de gestión actuales. Varios son los ejemplos de este tipo de sistemas o de aplicaciones, en función del objeto y el objetivo de la gestión:

- Management System Information (MSI) o Sistemas de Información para la Gestión
- Integrated Information Systems (IIS) o Sistemas Integrados de Información
- Executive Information Systems (EIS) o Sistemas de Información para Ejecutivos
- Enterprise Wide Systems (EWS) o Sistemas Empresariales abiertos
- Material Resource Planning (MRP) o Planificación de Recursos Materiales
- Manufacturing Resource Planning (MRPII) o Planificación de Recursos para la Producción
- Money Resource Planning (MRPIII) o Planificación de Recursos Financieros
- Customer Relationship Management (CRM) o Gestión de las Relaciones con Clientes
- Enterprise Resource Planning (ERP) o Planificación de los Recursos Empresariales, de especial interés dado que tiene un objetivo más ambicioso que es el tratamiento global de los flujos de información que transcurren por la empresa, mientras que el resto de sistemas se centran en ámbitos más reducidos.

Así pues, el nacimiento de los ERP se debe, fundamentalmente, a la necesidad de tratar conjuntamente toda la información necesaria para el funcionamiento de la empresa.

Otra **CLASIFICACIÓN DE LOS S. I., EN FUNCIÓN DEL ÁREA FUNCIONAL DE LA EMPRESA** que lo utiliza [2] :

ÁREA ECONÓMICO-FINANCIERA	○ facturación ○ cuentas a pagar ○ control de inventario ○ contabilidad general ○ tesorería ○ contabilidad presupuestaria
ÁREA DE PRODUCCIÓN	○ sistemas de gestión de operaciones de fabricación ○ control de calidad ○ diseño y desarrollo de productos ○ planificación
ÁREA COMERCIAL	○ sistemas de gestión de ventas ○ análisis de mercado ○ canales de distribución ○ de fijación de precios ○ de análisis de campañas de comunicación ○ de promoción y publicitaria
ÁREA DE RECURSOS HUMANOS	○ sistemas de generación de nóminas ○ contratación de personal ○ formación ○ evaluación de la productividad, etc.

Varias son las compañías de servicios que implantan este tipo de soluciones. En caso de que no se tenga clara la solución a implantar, resulta muy útil el asistir a ferias y congresos, visitar foros de internet y portales dedicados a este segmento del mercado informático. Desde aquí os recomiendo los siguientes enlaces:

2.4 APLICACIONES DE GESTIÓN. CARACTERÍSTICAS

Los Sistemas de Gestión por si solos no producen nada para el cliente, pero son necesarios para mejorar la eficacia y la eficiencia internas de una empresa, que se traduce en un mayor y mejor desarrollo productivo. Es por ello que ocupan un lugar cada vez más importante en la actividad de muchas empresas.

CARACTERÍSTICAS DE LOS SISTEMAS INTEGRADOS DE GESTIÓN [2]:

- Diseño modular, que facilite las modificaciones de cada módulo de manera independiente y que un cambio en un módulo no implique el rediseño de toda la aplicación.
- Debe ser flexible, en el sentido de permitir su adaptación a la empresa
- Debe tener en cuenta que la empresa está en constante evolución y por ello debe poder evolucionar con ella.
- Debe soportar varios idiomas, monedas y poder adaptarse a las distintas legislaciones vigentes
- Debe contemplar el acceso controlado al sistema mediante la implementación de políticas de seguridad
- Debe evitar la redundancia de datos mediante la existencia de una base de datos común con toda la información del sistema totalmente actualizada.
- Debe presentarse al usuario a través de una interfaz de usuario fácil de utilizar e intuitiva, con posibilidad de adquirir la imagen corporativa, además de ofrecer al usuario ayudas en forma de manuales, cursos de formación, ayuda on-line
- Debe poder realizar simulaciones con el fin de poder aplicar políticas de previsión y planificación
- Debe permitir su funcionamiento sobre distintas plataformas hardware y software
- Debe permitir la realización de diversos informes y consultas personalizadas
- La empresa implantadora debe ofrecer soporte durante la implantación, puesta en marcha y posteriormente ofrecer un servicio post-venta y asistencia técnica de calidad

- Debe apoyarse en las nuevas tecnologías de información y comunicaciones, como internet factura electrónica, etc.
- Deben permitir la trazabilidad de los productos
- Integración con ofimática

ELEMENTOS DE UN SISTEMA INTEGRADO DE GESTIÓN: [2]

Dado que el Sistema de Gestión intenta dar solución a cada una de las áreas de la empresa, se compondrá de los siguientes subsistemas, que a su vez estarán formados por diversos módulos:

- Contabilidad y finanzas: maneja las operaciones de inversión y financiación, compras, cobros, costes, etc. Módulos típicos: Pagos, Cobros, Costes, Tesorería, Impagados, Contabilidad, Activos Fijos, Análisis financiero, etc.
- Distribución y marketing: realiza las operaciones relacionadas con las actividades de ventas y distribución de los productos. Módulos: Ventas, Facturación, Pedidos, Albaranes, Compras, Proveedores, Logística, etc.
- Gestión de stocks: se encarga del control de las existencias y del aprovisionamiento. Toma la información generada por el área de ventas y genera información para el área económico-financiera. Módulos: Gestión de Almacén, Tarifas, Control de Ubicaciones, Artículos, etc.
- Producción: Módulos: Planificación de la producción, necesidades de materiales, escandallos, gestión de las órdenes de producción, planificación y programación de recursos, control de la producción, ingeniería de productos
- Mantenimiento: se encarga de que los equipos de trabajo estén en las mejores condiciones de utilización
- Gestión de proyectos: permite la definición y seguimiento de proyectos de ingeniería y fabricación. Módulos: presupuestos, planificación, inventario, versiones
- RRHH: Se encarga de gestionar los datos de los empleados. Módulos: nóminas, formación y eventos, gestión de personal, planificación de tiempos, turnos, dietas, gastos de viajes,...

Hay un conjunto de **DATOS GENERALES COMUNES** a todos ellos:

- plan general contable
- bancos
- países
- provincias
- actividades de empresa
- códigos postales
- informes estándar:
    - pérdidas y ganancias
    - balance de situación

Ejercicios propuestos:

---

1. ***Buscar en internet organigramas de distintas empresas u organismos y analizar su estructura.***
2. ***Analizar la estructura interna de grandes empresas de servicios informáticos: ACERTIA, ACCENTURE, STERIA, CESSER, Informática El Corte Inglés S.A. etc. y ver si presentan una división interna por sectores de mercado, es decir, si presentan divisiones por áreas de negocio (industria, banca,...)***
3. ***Dados los siguientes ejemplos de empresas, encontrar aplicaciones en el mercado que les den soluciones de gestión analizando los requerimientos que, a vuestro criterio, precise cada una de ellas: clínica dental, farmacia, videoclub, peluquería, tienda de material informático, ferretería, tienda de comestibles.***

2.5 TIPOS DE APLICACIONES DE GESTIÓN

2.5.1 SOLUCIONES CRM (Customer Relationship Management)

Recoge el conjunto de aplicaciones informáticas que tratan de relacionar los datos de clientes, ventas y todo lo relacionado con la actividad comercial de la empresa, con el fin de explotar todos estos datos para gestionar mejor los procesos de negocio.

Un mayor conocimiento de las necesidades del cliente y de su comportamiento mejora las relaciones con ellos y permite estrechar las relaciones comerciales, lo que se traduce en un mayor nivel de negocio y el afianzamiento de la empresa en el mercado.

Este es el objetivo de este tipo de soluciones. Para ello se almacena en una misma herramienta toda la información obtenida a través de los distintos canales de comunicación entre la empresa y el cliente, como: cartas, faxes, correos electrónicos, llamadas telefónicas, etc., con el fin de tener en cada momento la situación real de las relaciones y las transacciones comerciales con el cliente en cuestión.

A continuación cito algunos ejemplos, en algunos de esto enlaces se pueden descargar versiones de evaluación, ver demostraciones "on-line" y leer casos de éxito interesantes:

- SAGE CRM en sus versiones Estándar (Módulo de Automatización de la fuerza de ventas) y Premium (Módulo de Automatización de la fuerza de ventas, Marketing Avanzado y Soporte a Clientes): http://www.sagecrm.es/products/sagecrm.htm
- Microsoft Dynamics CRM: http://www.microsoft.com/spain/businesssolutions/dynamics/productos/crm/default.mspx
- SALESFORCE.com: www.salesforce.com/es/
- SAP: http://www.sap.com
- B-KIN: http://www.b-kin.com
- SplendidCRM Open-Source 1.4: montado a partir de tecnología Microsoft (Windows, IIS, SQL Server, C# y ASP.NET). incluye lo último en tecnología .NET 2.0, pero también es compatible con .NET 1.1 para poder ser desplegado en un sistema Linux Suse 10 La versión actual soporta las siguientes bases de datos: SQL Server 2000, SQL Server 2005, Oracle 9i, Oracle 10, IBM DB2 Express-C8, IBMDB" Express C-9 y MySQL 5. Más información en: http://www.splendidcrm.com/ .
- SugarCRM: Es uno de los CRM Open Source más utilizados. http://www.sugarcrm.com/crm/ Más adelante hablaremos de este software.

- B2cglobal, ofrece también soluciones CRM Open Source para los siguientes modelos de negocio: expedientes judiciales, gestión comercial y logística del transporte de carga. Más información: http://www.b2cglobal.net/content/view/15/42/

2.5.2 SOLUCIONES ERP (Enterprise Resource Planning)

Uno de los objetivos a lograr con la implicación informática en el mundo empresarial ha sido el intentar gestionar de la mejor manera posible los flujos de información internos en la empresa.

A diferencia del resto de herramientas de gestión, el ERP presenta dos aspectos fundamentales:

- un sentido global, es decir, trata de hacer frente a todas las necesidades de información dentro de la organización
- siempre parte de un estándar, pero permite la parametrización o personalización a la actividad empresarial mediante un entorno de desarrollo propio

El estándar del que se parte forma una estructura base sobre la que se van instalando y configurando diversos módulos, lo que permite una perfecta adaptación a las necesidades de la empresa

CARACTERÍSTICAS DE LOS ERP'S:

- controlan las principales actividades de la empresa e incrementan el servicio al cliente, mejorando la imagen de la empresa
- distribuyen la información por toda la empresa
- consiguen una completa integración de los sistemas de información a lo largo de todas las unidades de negocio bajo una misma administración
- permite la introducción de las últimas tecnologías tales como: e-factura, e-business, EDI, internet, e-commerce, etc.
- ayuda a evitar la escasez de materiales mediante un control sobre el inventario
- trata las necesidades presentes de la compañía
- ofrece la posibilidad de refinar y mejorar continuamente los procesos de negocio
- proporciona herramientas de apoyo a la toma de decisiones.

MÓDULOS que se encuentran habitualmente en una aplicación ERP:

- ventas y marketing
- gestión de materiales
- control de la cadena de suministro
- gestión financiera
- planificación y gestión de la producción
- comunicaciones con estaciones remotas
- desarrollo de soluciones
- recursos humanos: normalmente se trata de un módulo o aplicaciones más específica que se integra posteriormente con el ERP

BENEFICIOS DE LA IMPLANTACIÓN DE UN ERP:

- acceso "on-line" a la información de la empresa
- mejora el control de costes
- mayor velocidad de respuesta a pedidos de clientes
- mejor seguimiento de los clientes mediante la utilización unificada de la información que tiene la empresa sobre ellos
- permite una adaptación más rápida a cambios en las operaciones del negocio o en las características del mercado
- simplicidad en el funcionamiento de la empresa
- mejora de los procesos de negocio
- Eficiencia administrativa
- Mayor productividad
- Transparencia de las operaciones
- Soporte a toma de decisiones a través de los múltiples informes e informaciones que presenta al usuario

Más información y ejemplos:

- PORTAL SOBRE INFORMACIÓN DE ERP'S: www.erp-spain.com/

2.5.3 SOLUCIONES E-BUSINESS (Comercio electrónico)

E-BUSINESS consiste en la mejora de los procesos de negocio mediante nuevas tecnologías de comunicación como internet. Transacciones electrónicas seguras, intercambio electrónico de datos entre negocios, proveedores y clientes permiten la reducción de gastos en intermediarios, prontitud en la respuesta comercial y el desarrollo de un nuevo modelo competitivo en el que oiremos conceptos como: B2B (Business to Business), B2C (Business to Consumer), B2G (Business to Government), etc.

Ejercicios propuestos:

---

1. ***¿En qué consiste el concepto de "On Demand Business"?***

2.5.4 BUSINESS INTELLIGENCE

Según define la Wikipedia (http://es.wikipedia.org/wiki/Inteligencia_empresarial), se denomina Inteligencia Empresarial o Inteligencia de Negocios (Business Intelligence, BI) al conjunto de estrategias y herramientas enfocadas a la administración y creación de conocimiento mediante el análisis de datos existentes en una organización o empresa.

En definitiva se trata de recopilar, analizar, procesar y utilizar los datos internos de que dispone la empresa a través de las distintas herramientas para obtener los indicadores suficientes y la información más completa para una adecuada y eficaz toma de decisiones empresariales.

No se trata de manejar grandes cantidades de datos, sino de manejar información relevante, la cual debe ser reconocida y extraída de los miles y millones de datos que circulan por la empresa. Todo ello apoyándose en las nuevas tecnologías de información y comunicaciones.

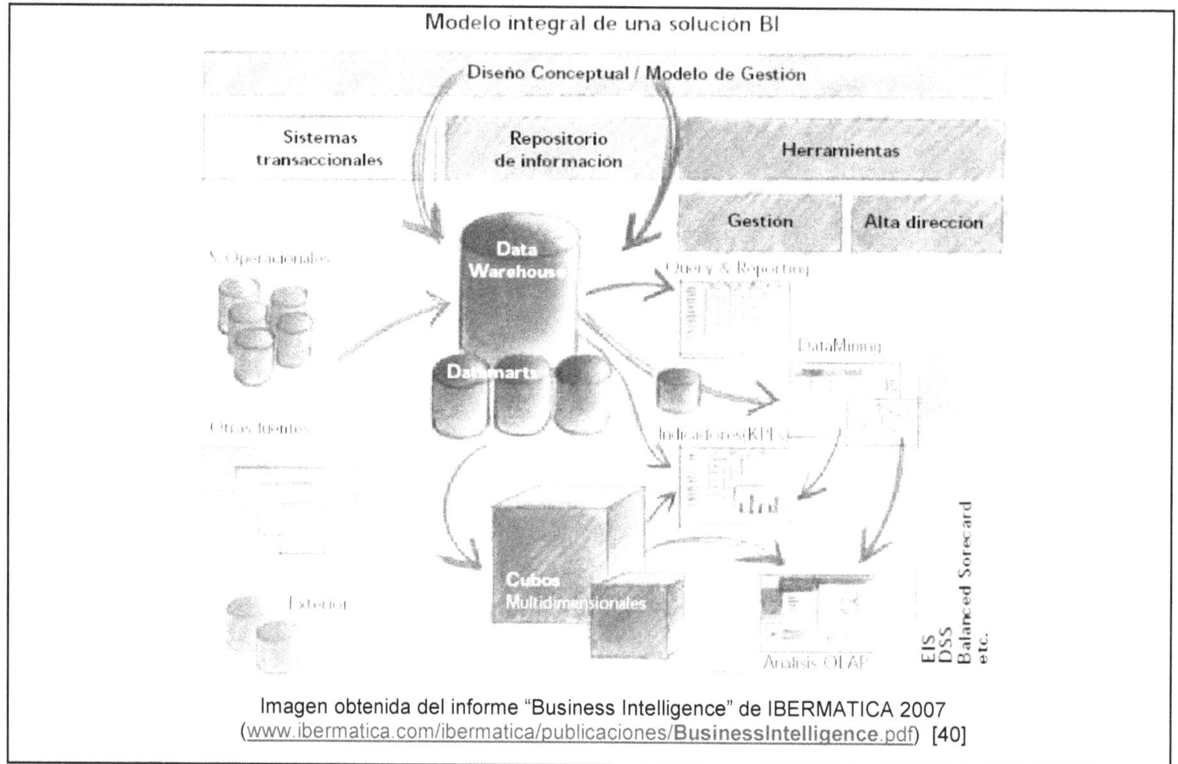

Imagen obtenida del informe "Business Intelligence" de IBERMATICA 2007 (www.ibermatica.com/ibermatica/publicaciones/**BusinessIntelligence**.pdf) [40]

Una solución BI se compone de los siguientes elementos [40] tal y como apreciamos en el gráfico anterior:

- **Diseño conceptual de los sistemas**. Período en el cual debemos saber qué información es la que necesitamos, cual va a ser el formato de los datos de los que extraigamos la información, de dónde se van a extraer, cuando y con qué frecuencia.
- **Construcción y alimentación del datawarehouse y/o de los datamarts**. Un datawarehouse es una base de datos corporativa que replica los datos transaccionales una vez seleccionados, depurados y especialmente estructurados para actividades de Query y Reporting. Un datamart (*o mercado de datos*) es una base de datos especializada, departamental, orientada a satisfacer las necesidades específicas de un grupo particular de usuarios.
- **Herramientas de explotación de la información**:
    - **Query & Reporting**: herramientas para la elaboración de informes y listados a partir de la información de los datawarehouses y datamarts.
    - **Cuadro de mando analítico (EIS tradicionales):** herramienta de query orientada a la obtención y presentación de indicadores para la dirección (frente a la obtención de informes y listados).

- **Cuadro de mando integral o estratégico:** herramienta que permite alinear los objetivos de las diferentes áreas o unidades con la estrategia de la empresa y seguir su evolución.
- **OLAP (On Line Analytical Processing):** herramientas que manejan consultas complejas de bases de datos relacionales, proporcionando un acceso multidimensional a los datos, capacidades intensivas de cálculo y técnicas de indexación especializadas.
- **Datamining (Minería de Datos):** Herramientas de extracción de conocimiento útil, a partir de la información contenida en las bases de datos de cualquier empresa, con el fin de descubrir patrones ocultos, tendencias y correlaciones, y presentar esta información de forma sencilla y accesible a los usuarios finales, para solucionar, prever y simular problemas del negocio. El datamining incorpora la utilización de tecnologías basadas en redes neuronales, árboles de decisión, reglas de inducción, análisis de series temporales... y visualización de datos.

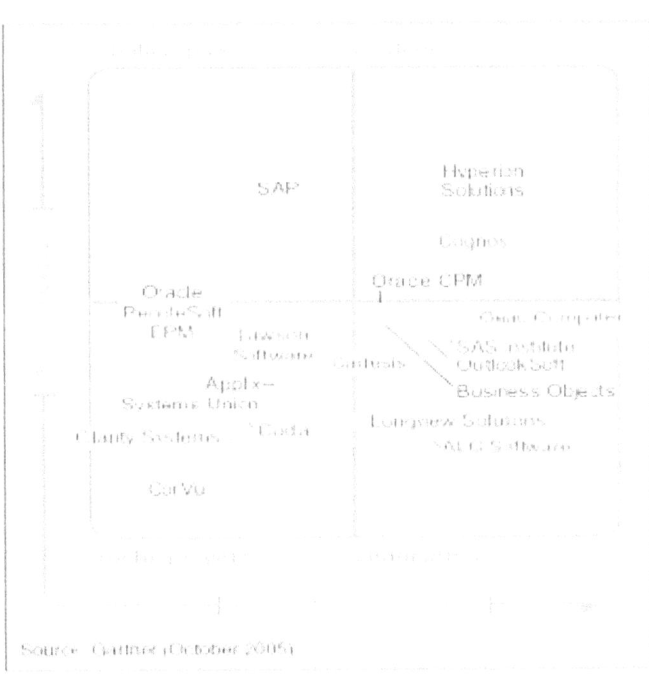

En la imagen que nos ofrece GARTNER, se pueden apreciar las empresas integradoras de este tipo de soluciones y su papel dentro del mercado del BI [40]

Ejercicios propuestos:

1. ***Haz una pequeña descripción de las soluciones para empresas que nos ofrece IBM, para ello puedes visitar su página web: http://www.ibm.com/es/ :TIVOLI, WebSphere, etc.***

2.5.5 LOS SISTEMAS DE WORKFLOW

Actualmente, el ritmo de vida es tan rápido que el perder unos minutos u horas frente a una cola para recoger unos papeles o realizar un trámite burocrático supone un verdadero caos.

El iniciar un trámite con la Administración por ejemplo, suponía dedicar algunos días a ir a determinada ventanilla, recoger ciertos impresos, volver a casa, rellenarlos y adjuntar más documentos, fotocopias, volver a otra ventanilla, y así sucesivamente.

Afortunadamente, debido al auge de las nuevas tecnologías e internet sobre líneas de alta velocidad, cada vez más nos encontramos con gestiones que podemos solucionar tranquilamente desde nuestro sillón frente al ordenador, con un certificado digital que certifique que somos nosotros los que realmente estamos frente al organismo.

Esta eficiencia en el servicio al cliente se ha producido como consecuencia de un aumento de la efectividad interna de la Administración, en el caso del ejemplo citado. El paso de diversos documentos de unas manos a otras, visados por unas u otras personas y procesados por los sistemas informáticos, se ha mejorado mucho con el incremento de ciertas aplicaciones informáticas que conocemos como herramientas de Flujos de Trabajo o Sistemas WorkFlow. Estos sistemas se apoyan en una plataforma firme de seguridad y comunicaciones para permitir el flujo de la información y los documentos, ahora electrónicos, entre las personas que participen en cada trámite.

En definitiva, se trata de una evolución de los sistemas de trabajo en grupo, en la que no sólo se comparte la información, sino que existe un verdadero control sobre la documentación que fluye electrónicamente entre personas, sobre las tareas que deben realizar cada una de las personas y sobre todo el circuito que debe recorrer o que forma determinado trámite.

El sistema, que gira en torno a un motor de workflow presenta a cada usuario implicado su lista de tareas pendientes con toda la información necesaria para su procesamiento. Cuando dicho usuario de por finalizada su tarea, el sistema la encaminará hacia el paso siguiente, así sucesivamente, hasta finalizar el trámite completo. En todo momento podemos saber en que fase se encuentra un expediente o analizar la productividad de los usuarios de cara al sistema.

Estas herramientas están muy ligadas a los Sistemas de Gestión Documental, que citaremos en el siguiente apartado, ya que lo que fluye internamente en un sistema workflow es la documentación electrónica gestionada por un sistema documental. El sistema de Gestión Documental se encargaría de la generación, captura y almacenamiento del documento (entre otras cosas) y el Sistema de WorkFlow de su proceso, de su "movimiento" electrónico.

Ahora bien, para que realmente sea eficaz, se deben parametrizar todos los flujos de trabajo al mínimo detalle, comprobar cada proceso, perfilar cada puesto de trabajo de acuerdo a su lugar en la cadena de trabajo, formar adecuadamente al usuario.

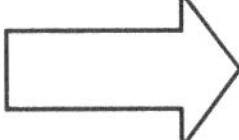

Ver caso práctico nº 1: Gestión de expedientes

Ejercicios propuestos:

---

2. ***Desglosar en procesos, indicando las partes implicadas y sus tareas, para la implantación mediante un sistema de WorkFlow, las siguientes tareas:***
    a. ***Obtención de un título académico: petición, pago de tasas, etc.***
    b. ***Realización de una tortilla de patata: ir a comprar ingredientes, etc.***
    c. ***Preparación de una boda***
    d. ***Creación de un negocio***

2.5.6 SISTEMAS DE GESTIÓN DOCUMENTAL

Un sistema de gestión documental es aquel sistema informático destinado a gestionar documentos, entendiéndose por gestión el conjunto de operaciones a las que se somete un documento desde su generación electrónica hasta su publicación o difusión e incluso hasta su eliminación.

Pongamos un ejemplo sencillo, basta con echar un vistazo a la documentación en casa, seguro que hay un montón de documentos que, de momento, no podemos o no deberíamos tirar, esto es: la lista de la compra (por si tenemos que devolver o realizar alguna reclamación de un producto), libros de instrucciones (del equipo de música, del disco multimedia, de la lavadora o de la caldera de gas), garantías de equipos y electrodomésticos, pólizas de seguros, extractos bancarios, etc.

Si fuésemos trabajadores autónomos, además debemos realizar control de todas nuestras operaciones con clientes, guardar copias de facturas, de proyecto, de documentos vinculantes, declaraciones de IVA, IRPF, etc.

Si vamos ampliando en complejidad hasta llegar a una empresa en la que se trabaja con mucha documentación distinta, vemos que hay que hacer orden en todo este almacenamiento de datos y documentos. Sólo así podremos explotar adecuadamente toda la información de que disponemos a través de las distintas fuentes documentales y podremos encontrarla fácilmente.

Básicamente los procesos a los que se someten los documentos son [8]:

- Generación o incorporación de la documentación: es el proceso mediante el cual generamos el documento electrónico (pasa de estar en formato papel a un formato electrónico mediante un proceso de escaneado) o lo incorporamos al sistema en caso de ya estar en este tipo de formato (correo electrónico, documento ofimático generado desde un ordenador, formulario rellenado vía Web, etc.)
- Análisis: consiste en una primera manipulación del documento, ya en formato electrónico. En esta fase se decide el destino del documento y que determinará su proceso posterior: si será analizado minuciosamente para su almacenamiento y posterior recuperación, si pasará a un circuito de Workflow, si será susceptible de versionado por un grupo de trabajo, etc.
- Procesado: En el caso de que el documento tenga que ser almacenado para su posterior recuperación mediante algún criterio de selección, estamos ante un sistema de gestión documental "puro". El documento a almacenar puede ser un texto, una fotografía, un vídeo, o una base de datos entera. Para ello se debe indexar, esto es, establecer unas claves identificativas que faciliten la recuperación de la información del documento almacenado. Si lo que almacenamos en nuestro sistema son circulares internas en la empresa, seguramente que establecer la fecha y el motivo de la circular como claves para realizar la búsqueda sería una buena opción; en caso de almacenar vídeos promocionales o una serie de "Photobooks" de una agencia de publicidad, quizá las claves a utilizar serían: nombre del modelo, edad, marca o modelo de la promoción, fecha, etc. Se pueden indexar todo tipo de documentos, pero para ello el sistema de gestión documental debe sostenerse sobre una fuerte plataforma de base de datos, motores de búsqueda y de almacenamiento de ficheros.

  En caso de que el documento pase a formar parte de un circuito de WorkFlow, podrá ser modificado o no por otros usuarios y se podrá o no conservar el documento original si así lo hemos programado.

En caso de que el documento forme parte de los recursos utilizados por un grupo de trabajo, podrá ser revisado, versionado, modificado, etc, también en función de lo que tengamos programado.

- Publicación o Recuperación: es el proceso mediante el cual extraemos o localizamos la información o el documento almacenado. El resultado de la búsqueda del documento en cuestión se puede ofrecer electrónicamente a través de la interfaz de usuario de una aplicación corporativa, o en papel, a través de una simple impresora.
- Eliminación: consiste en la eliminación de aquella información que por sus características no precisa ser almacenada como histórico: facturas y garantías que prescriben, documentación obsoleta, etc.

CARACTERÍSTICAS DESEABLES DE UN SGD [8]:

- Que se integre con el resto de aplicaciones corporativas, por ejemplo, que permita incorporar al SGD una carta que acabamos de crear mediante nuestro procesador de textos.
- Que permita la incorporación de documentos de distintos formatos: doc, txt, mdb, xls, html, htm, xml, odt, rtf, dwg, bmp, tif, jpg, mpg, wav, avi, etc.
- Que permita realizar búsquedas especializadas, algunas de ellas incluso utilizando tesauros (diccionarios de búsquedas, que permiten buscar por sinónimos, por términos más generales, jerarquías de términos, etc).
- Que permita la utilización del OCR para almacenar la información de un texto digitalizado mediante un escáner y que luego se pueda localizar utilizando criterios de búsqueda sobre su contenido.
- Que permita la introducción masiva de documentos
- Que pueda alimentarse de diversas fuentes o dispositivos: discos duros, dispositivos USB, correo electrónico, CD, DVD, escáner, internet, etc.

Ver caso práctico Nº 2: Implantación de un SGD en un colegio

3 IMPLANTACIÓN DE APLICACIONES INFORMÁTICAS

Recogiendo la definición sobre aplicación informática que hacen Alberto Martín y Elena Carrillo [3]:

- desde el punto de vista de los usuarios, las aplicaciones informáticas son los tentáculos de la informática que llegan hasta su puesto de trabajo, una parte de una maraña informática que les sirve para realizar con más eficacia su trabajo.
- desde el punto de vista de la empresa, las aplicaciones informáticas serían las herramientas motrices que permiten el flujo de información necesario para realizar de manera eficiente las diferentes funciones de la empresa
- desde el punto de vista del profesional informático, las aplicaciones informáticas deben proporcionar satisfacción a los usuarios que las solicitan, con la máxima eficiencia

A la vista de estos puntos de vista queda claro que la implantación de aplicaciones informáticas va a incidir irremediablemente en la empresa y su efecto variará en función del grado de informatización previa tanto de los usuarios, como de la estructura en general.

3.1 IMPACTO EN LAS EMPRESAS

La implantación de cualquier tipo de aplicación supone un esfuerzo por parte de la empresa, en primer lugar económico y sobre todo humano.

Hace años, el sólo uso del ordenador en las labores ofimáticas supuso una nueva era en el ámbito administrativo. Todavía sigue siendo la meta de muchas empresas el conseguir la “oficina sin papeles”, donde la búsqueda de un asiento contable, por ejemplo, suponga una consulta en pantalla de unos segundos, en lugar de perderse varios minutos inmerso en los libros de contabilidad. O que la obtención de gráficos de ventas, beneficios y fluctuaciones comerciales se obtengan en segundos en espectaculares gráficas, con tan solo ejecutar unas fórmulas en una hoja de cálculo.

La implantación de un nuevo programa informático en la empresa va a suponer en mayor o menor medida un cambio en el modo de trabajo del usuario final. Cuanto mayor es el grado de informatización del usuario, menor es el impacto de la aplicación. No será el mismo cambio para un usuario acostumbrado al trabajo desde un terminal contra un host utilizando teclas de función, el cambio a un entorno gráfico de ventanas con el uso del ratón, que para un usuario que ya trabaje en ese entorno.

El usuario debe poder encontrar en la aplicación informática una herramienta que ayude en su trabajo, no que le suponga un obstáculo.

El interfaz del usuario de las aplicaciones debería ser fácil de utilizar e intuitivo, lo suficiente como para no requerir demasiada formación, o en su defecto que pueda contar con ayudas on-line que le orienten en los momentos de duda

3.2 REQUISITOS DE INSTALACIÓN

En este apartado de requisitos de instalación no vamos a entrar en los requisitos generales que deberíamos tener en cuenta a la hora de plantear una instalación informática, como:

- requisitos constructivos o de estructura
- requisitos eléctricos y de cableado
- requisitos de seguridad e higiene en el trabajo
- requisitos hardware y software
- otros

sino que nos centraremos básicamente en los requerimientos hardware y software.

Cuando necesitamos adquirir una determinada aplicación, debemos tener en cuenta los requisitos mínimos de funcionamiento que nos recomienda el fabricante: memoria RAM, espacio aproximado en disco duro, requerimientos mínimos de procesador, características de la tarjeta gráfica, sistemas operativos soportados, aplicaciones preinstaladas, etc.

A continuación se detallan algunos ejemplos de requisitos de algunas aplicaciones:

- Para Microsoft Office 2007 Professional [12]:
    - Aplicación de 32 bits que se puede ejecutar en plataformas windows de 64bits (Windows XP, Windows 2003 Server y Windows Vista)
    - Procesador >500Mhz
    - Memoria > 256Mb, según la versión hasta 1Gb
    - Disco duro > 1,5 Gb, según la versión hasta 2Gb
    - Resolución del monitor: 1024 x 768 o superiores

    - Sistemas operativos: Windows XP + Service Pack2 2 o Windows 2003 Server + Service Pack 1

- Para Lotus IBM Symphony [41]:
    - Sistemas operativos Windows XP / Vista
    - Memoria: 1Gb
    - Disco duro: 900Mb
- Para OpenOffice [42] sobre:
    - Windows:
        - Procesador Pentium
        - Versiones de windows > 95
        - > 64MB de RAM
        - Disco duro > 170Mb
    - Solaris:
        - Versiones de Solares >7
        - >128Mb de RAM
        - Disco duro > 250 M
    - Linux
        - > 64 Mb de RAM
        - Disco duro: > 230 Mb
        - Versión del kernel > 2.0.7

Ejercicio propuesto

Analiza los requisitos hardware que recomienda el fabricante para instalar las siguientes aplicaciones, en su última versión disponible:

- ***3D Studio***
- ***ORCAD***
- ***ContaWin***
- ***AutoCad***
- ***Pinacle Studio***
- ***StarOffice***

3.3 REQUISITOS DE SEGURIDAD.

La mayoría de las aplicaciones informáticas de uso general no precisa de restricciones de seguridad más complejas que la protección de celdas en hojas de cálculo, restricciones de modificación o lectura sobre archivos determinados cifrado de documentos.

En estos casos la seguridad se implementa a nivel de sistema operativo y acceso a la red corporativa, bien mediante validación de usuario y contraseña o mediante cualquier otro control de acceso. De esta forma se pueden delimitar las acciones de un usuario sobre ficheros, aplicaciones, discos, directorios, etc.

Ejercicio propuesto

Analiza que tipo de protección puedes utilizar en tu ordenador de clase para que el resto de compañeros de clase:

- ***no pueda ver ningún fichero de tu disco duro desde la red***
- ***puedan ver el contenido de un directorio en particular, pero no debe poder modificar ni los ficheros que contiene dicho directorio ni añadir ficheros nuevos***
- ***puedan abrir una hoja de cálculo en la que hay una tabla con notas de clase pero no puedan alterar el contenido de las celdas***
- ***puedan ver la existencia de ficheros de un directorio pero no puedan abrir ninguno, ni copiarlos en su disco.***

---

4 IMPLANTACIÓN DE APLICACIONES INFORMÁTICAS DE GESTIÓN

4.1 LA TOMA DE DATOS: NECESIDAD DE CONSULTORÍA PREVIA

En ocasiones, una empresa no tiene clara la solución de gestión que le hace falta o no conoce lo suficientemente el mercado de este tipo de aplicaciones. Conoce su organización, o cree conocerla a nivel general, sabe que hay muchos procesos muy distintos y que necesita algún tipo de herramienta que le facilite el conocer la situación de la misma en determinados momentos, o que le permita hacer previsiones, le permita saca listados desde distintas perspectivas, sin necesidad de ir de departamento en departamento pidiendo informes.

En estos casos, es útil utilizar empresas consultoras que saben cómo explorar internamente las organizaciones en busca de la solución más adecuada en el campo de las Tecnologías de la Información para conseguir de una manera más eficiente los objetivos empresariales. Muchas veces es necesario un equipo de consultores formado por especialistas en tecnología y expertos en gestión de empresas. Las consultoras además tienen experiencia en haber dado solución a muy distintos clientes y diversidad de problemáticas, además de ofrecer un punto de vista totalmente objetivo y aséptico de las necesidades reales de la empresa.

Dar una solución de gestión a una empresa exige un esfuerzo muy grande, en muchos sentidos, pero tiene como recompensa que la empresa acabará implantando un sistema de gestión perfectamente ajustado a sus necesidades, eficaz y eficiente.

Ahora bien, ¿Cómo evaluar a la empresa consultora? ¿Por cuál de todas ellas nos decantamos? ¿Debemos fiarnos totalmente de ellas? ¿Son realmente objetivas con las soluciones?

A la hora de elegir a una empresa consultora debemos tener en cuenta algunos factores:

- equipo de personas que van a realizar el estudio de nuestra empresa, sus perfiles
- si tienen alguna vinculación con determinados productos: son expertos en SAP, expertos en Oracle, etc., o conocen todo el mercado. La solución más objetiva es la del consultor que conoce varios productos puesto que su campo de visión es más amplio.
- Experiencia en el mercado, casos resueltos de similares características o problemáticas.
- Solidez y seriedad a la hora de comprometerse con la empresa
- Metodología empleada para su trabajo
- Honorarios, tarifas

Muchas son las opiniones reticentes a la utilización de consultoras, alegando sobre todo lo excesivo de sus tarifas. A este respecto, no se debe pensar que se le paga sólo por "pensar". Están realizando una radiografía de nuestra empresa, nuestro "modus operandi", con el fin de hacer que los recursos internos de la empresa se aprovechen al máximo, a sacar el máximo partido a toda la información que circula por la empresa. Todo esto no tiene un valor instantáneo. La clave no es comparar el precio de la consultoría con la de un paquete informático, sino comparar el dinero empleado en ella con el dinero que nos ahorraremos en un futuro si seguimos sus directrices.

Resulta interesante y muy adecuada la definición de consultoría que hacen en el "PodCast X: Debate sobre el mundo de la consultoría", Alfonso Romay, Raúl Hernández y Julen Iturbe , que no ofrece Jordi Abad en su podcast (www.unpodcastmas.com): "proceso integrado de análisis y diagnóstico de problemas, recomendación de soluciones e implantación de las mismas hasta conseguir cambios en el cliente". [18]

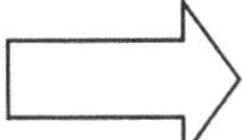

Ver caso práctico Nº 3: Especificaciones iniciales para la implantación de una aplicación de gestión en una clínica dental

4.2 IMPACTO EN LAS EMPRESAS

El hecho de implantar cualquier sistema de información, tipo ERP en una empresa no va suponer en primera instancia ninguna característica diferenciadora respecto a otras empresas, pero lo que sí lo hará será el beneficio interno en cuanto a optimización de los recursos y buen hacer. En la mayoría de empresas, para beneficiarse totalmente del beneficio que supone la adquisición de un ERP, es necesario considerar una reingeniería de procesos.

Un proyecto de implementación de un sistema de ERP es usualmente largo y complejo ya que implica:

- la implementación de un nuevo sistema de información
- rediseño de los esquemas de trabajo
- complejidad
- tamaño
- altos costos
- un equipo considerable de desarrollo
- programación reducida de tiempo.

En el proceso de implantación de este tipo de aplicaciones intervienen dos partes:

- El empresario y su equipo, conocedores del territorio técnico y geográfico en el que se desenvuelven sus negocios. Conocen las necesidades de los clientes, los problemas de la operación de las plantas de fabricación o almacenamiento, etc.
- El consultor / implantador de la aplicación, experto en las posibilidades de la herramienta

Como este tipo de herramientas puede manejar cualquier tipo de estructura empresarial, las decisiones han de hacerse sobre la base de cómo ha de ser analizada la compañía para que se aplique la mejor configuración de la herramienta de gestión.

En cualquier caso, la herramienta elegida ha de poder ser puesta en marcha en un tiempo lo más breve posible y además garantizar que podrá evolucionar junto con la empresa y la tecnología lo más estrechamente posible.

El proceso de implantación de este tipo de tecnologías suele ocupar entre 3 meses y más de un año, en función del tipo de empresa implantadora de la solución y la empresa en cuestión.

La implantación de un software ERP abarca 4 fases, cuya coordinación es indispensable para garantizar el éxito del proyecto:

- análisis y rediseño de procesos de negocio
- análisis pormenorizado de los sistemas de información de la empresa
- desarrollo de los componentes que la compañía necesita, adicionales a la solución estándar
- la formación de usuarios del sistema

La renovación de la tecnología de información instalada en las empresas españolas ha provocado la generalización en el uso de aplicaciones ERP, lo que ha hecho posible el nacimiento y consolidación de una serie de compañías dedicadas a la elaboración de este tipo de paquetes orientándose a la mediana empresa. Debe tenerse en cuenta que más del 95% del tejido empresarial español está constituido por pequeñas y medianas empresas que han visto como, en los últimos años, la necesidad de información y de la gestión de la misma crecía a medida que ésta se convertía en un elemento básico en el apoyo de la competitividad de las organizaciones.

4.3 REQUISITOS DE INSTALACIÓN

Los requisitos de instalación de este tipo de aplicaciones dependerán de los siguientes aspectos:

- Tipo de aplicación de gestión a instalar
- Tipo de instalación: cliente / servidor: estaciones cliente, servidores
- Sistema operativo sobre el que se instalará
- Base de datos que se utilizará

Ejercicio propuesto

Intentar cumplimentar el cuadro siguiente con los requisitos de instalación de las aplicaciones que se indican:

APLICACIÓN	*S .O. SERVIDOR*	*S. O. CLIENTES*	*BBDD SOPORTADAS*	*REQUISITOS HDW*
SAP				
MICROSOFT				
ORACLE				
BAAN				
META4				
OPENBRAVO				
ADEMPIERE				

Ver caso práctico Nº 3: Requisitos de instalación para la implantación de una aplicación de gestión en una clínica dental

4.4 REQUISITOS DE SEGURIDAD. LOPD

En este apartado no vamos a entrar en el amplísimo tema de la seguridad informática, que abarca tanto la seguridad a nivel de hardware (copias de seguridad, sistemas en RAID, etc.) como la de software (ataques a los sistemas, virus, espionaje, certificados, gestión de permisos y usuarios, etc.). Nos centraremos en la seguridad de los datos que manejamos, en garantizar su confidencialidad y su protección en general, hay que tener en cuenta que la información que circula por nuestro sistema normalmente va a estar protegida por la ley

El grado de protección de los datos, va a estar condicionado por su naturaleza. Los datos que circulan por un sistema de gestión son muy variopintos:

- datos personales de los empleados
- datos bancarios de la empresa
- datos de nóminas de empleados
- datos médicos
- datos financieros y económicos
- precios de productos, ofertas
- etc.

De acuerdo a la Ley Orgánica 15/1999, de 13 de diciembre, de Protección de Datos de Carácter Personal (BOE Nº 298, de 14 de diciembre de 1999) y el Real Decreto 994/1999, de 11 de junio, por el que se aprueba el Reglamento de medidas de seguridad de los ficheros automatizados que contengan datos de carácter personal (BOE Nº 151, de 25 de junio de 1999) existen una serie de medidas de seguridad a aplicar a tres niveles:

- **Nivel Básico**
  - **Ficheros afectados:** todos aquellos que contengan datos de carácter personal.
  - **Medidas de Seguridad:**
    - Deberá designarse un responsable del fichero de datos, el cual mantendrá un documento de obligado cumplimiento para el personal con acceso a los datos. Dicho documento contendrá como mínimo los siguientes aspectos:
      - Ámbito de aplicación del documento con especificación de los recursos protegidos
      - Medidas, normas, procedimientos, reglas y estándares de seguridad encaminados a garantizar el nivel de seguridad exigido.
      - Funciones y obligaciones del personal
      - Estructura de los ficheros de carácter personal.
      - Procedimiento de gestión y respuesta de incidencias.
      - Procedimientos de copia de seguridad.

    El documento anterior deberá mantenerse actualizado y revisarse cuando se produzcan cambios relevantes en el sistema.

- Control de Acceso a los datos: los usuarios sólo tendrán acceso autorizado a aquellos datos y recursos que precisen para realizar sus funciones.
- Identificación y autenticación: el responsable del fichero se encargará de que exista una relación actualizada de usuarios y de establecer procedimientos de autentificación e identificación. Asimismo, se deberá establecer un procedimiento de asignación, distribución y almacenamiento de contraseñas que garantice la confidencialidad de las mismas.
- Gestión de soportes: los soportes informáticos que contengan datos de carácter personal deberán permitir identificar el tipo de información que contienen, ser inventariados y almacenados en un lugar con acceso restringido al personal autorizado. La salida de soportes informáticos con datos de carácter personal únicamente podrá se autorizada por el responsable del fichero.
- Copia de respaldo y recuperación: el responsable del fichero se encargará de verificar la definición y correcta aplicación de los procedimientos de copias de seguridad, realizándose dicha copia de seguridad al menos semanalmente.

- **Nivel Medio**
  - **Ficheros afectados**: todos los que contengan datos relativos a la comisión de infracciones administrativas o penales, financieros o Hacienda Pública.
  - **Medidas de seguridad**: Los sistemas de información e instalaciones de someterán a una auditoria externa o interna que verifique el cumplimiento del Reglamento de Seguridad.
    - Informe de auditoria: deberá dictaminar sobre la adecuación de las medidas de seguridad, identificar sus deficiencias y proponer las medidas correctoras o complementarias necesarias.
    - Identificación y Autentificación: se deberá identificar de forma inequívoca y personalizada a todo aquel usuario que intente acceder al sistema de información y se limitará la posibilidad de intentar acceder reiteradamente a los datos.

- Control de Acceso Físico: sólo el personal autorizado en el documento de seguridad, tendrá acceso a los locales donde se encuentren los soportes físicos.
- Pruebas con Datos Reales: las pruebas necesarias sobre sistemas previos a la implantación no se realizarán con datos reales a no ser que se garanticen las medidas de seguridad de igual forma que para los datos reales.

- **Nivel Alto**
  - **Ficheros incluidos**: todos aquellos que contengan datos relativos a ideología (afiliación sindical) o salud (grado de minusvalía)
  - **Medidas de seguridad**:
    - Registro de Accesos:
      - De cada acceso se guardará como mínimo la identificación del usuario, la fecha y la hora de acceso, el fichero accedido, el tipo de acceso y si ha sido autorizado o denegado.
      - En el caso de que el acceso haya sido autorizado, se guardará la información que permita identificar el registro accedido.
      - El período mínimo de conservación de los datos será de dos años.
      - Mensualmente se realizará un documento con la información de control registrada y los problemas detectados.
    - Copias de respaldo y recuperación: deberá conservarse una copia de respaldo y de los procedimientos de recuperación en un lugar diferente a aquel en que se encuentren los equipos informáticos que los tratan.

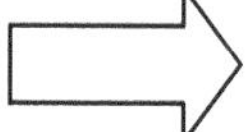

Ver caso práctico Nº 3: Requisitos de seguridad para la implantación de una aplicación de gestión en una clínica dental

4.5 CARGA DE DATOS: NUEVOS, EXISTENTES, MIGRACIONES, COMPATIBILIDADES

Las aplicaciones de gestión, como cualquier otra aplicación, trabajan con datos. Algunos de estos datos se generarán dentro de la herramienta, pero puede haber otros procedentes de otros sistemas.

Es muy frecuente encontrarnos con empresas que, previamente a la obtención de un sistema de gestión integral, ya trabajaban con pequeñas aplicaciones. Si la empresa es mediana o grande puede darse el caso de que no sea una sino varias aplicaciones las existentes, en departamentos distintos, compartiendo o no datos comunes.

Una de las razones para la elección de una u otra herramienta de gestión podría ser la posibilidad de utilizar los datos ya existentes por parte de la nueva herramienta.

En función del tipo de datos y su origen podemos distinguir entre:

- **datos nuevos**: se trata de los datos iniciales de configuración de nuestra nueva aplicación, el primer estadio de la parametrización. Son datos como: nombre de la empresa, NIF o CIF, datos de ubicación, país, moneda empleada, idioma. Dentro de esta clasificación, entrarían datos maestros del tipo: tipos de monedas a utilizar, países, idiomas, capitales, provincias, departamentos, empresas que forman parte de una misma organización, bancos, proveedores, etc.
- **datos existentes**: se trata de información ya existente en otras aplicaciones dentro de la misma empresa. Estos datos pueden estar almacenados en distintos formatos, distintas bases de datos e incluso sistemas operativos distintos. En estos casos se hace necesaria la realización de una migración de datos, esto es, adaptar los datos desde las aplicaciones antiguas a la nueva, sin pérdida ni alteración de la información que contienen

---

Ejercicio propuesto

Dada una base de datos en Access de pruebas, analizar qué pasos serían preciso realizar para migrar dicha base de datos a:

- ***una base de datos SQLServer***
- ***una base de datos Oracle***
- ***una base de datos PostGreSQL***

Averiguar si la migración es directa o hace falta alguna utilidad concreta, así como aspectos a tener en cuenta: fechas, delimitación de campos, etc.

Ejercicio propuesto sobre el Caso Práctico Nº 3: Carga de datos externos

---

Analizar si la aplicación que se utiliza en el Caso Práctico Nº 3permite una importación masiva de datos de pacientes:

- ***desde la propia aplicación***
- ***externamente contra la base de datos directamente***

4.6 PRUEBAS Y PUESTA EN MARCHA

La fase de pruebas es una parte muy importante que se realiza con posterioridad al proceso de instalación y parametrización o personalización de la aplicación, en nuestro caso, de la aplicación de gestión.

Una de las características de las aplicaciones de gestión es que llevan una parte importante de desarrollo o personalización con el fin de dejarla a medida de la empresa que lo ha adquirido.

Pongamos el símil de un sastre. Un cliente entra a una sastrería a encargar un traje a medida para un evento. El sastre, en función del evento, de las características del cliente, de la estación del año y de las preferencias del cliente elegirá o recomendará unos materiales (tejidos) para la realización del traje. El sastre podrá mostrarle un catálogo de indumentarias y de materiales y tomará las medidas oportunas al cliente. Posteriormente, en las visitas siguientes se irá ajustando el traje hasta que esté completamente terminado y satisfaga a su cliente.

En el caso de la aplicación de gestión, hemos elegido a una consultora o una empresa implantadora que nos ha tomado las medidas y nos ha propuesto una solución. Con el estudio realizado se parametriza la aplicación, que parte de un estándar. Será durante la fase de pruebas cuando se termine de moldear la parametrización realizada para “bordar” la solución.

Las pruebas suelen ser para comprobar el funcionamiento de ciertos módulos de nuevo desarrollo, para verificar el funcionamiento del producto en las distintas áreas, etc. No se trata de evaluar en esta fase el producto, porque de la fase previa de consultoría ya debemos saber con exactitud que la aplicación que hemos elegido es la adecuada. En este tipo de aplicaciones, no se admiten devoluciones si el cliente no está satisfecho, hay demasiadas cosas en juego como para arriesgarse hasta ese punto.

En alguna ocasión se puede haber pactado una demostración o una maqueta con el implantador previo a la toma de decisiones acerca de la solución definitiva.

Tras esta fase y si todo ya está correcto y funciona como se esperaba, se procede al paso a producción, esto es a la puesta en marcha de la aplicación en real, con datos reales. Durante esta fase todavía puede aparecer algún problema, pero más que relacionado con el funcionamiento de la aplicación en si, se debe a problemas de utilización por parte de los usuarios. Es importante asesorar y apoyar a los usuarios, quienes han debido recibir la formación necesaria en este tipo de aplicaciones previamente a su utilización, pero todavía temerosos y dudosos en muchos de los pasos o de las situaciones que se les presenten.

4.7 DOCUMENTACION

Para facilitar la comprensión del estudio minucioso que se hace de la organización, así como de las parametrizaciones de la aplicación de gestión requeridas es recomendable plasmarlo todo en un documento. Las consultoras realizan su trabajo de investigación de los procesos internos y entregan como resultado una serie de documentos e informes de gran utilidad para la empresa implantadora de la solución, que no tiene por qué coincidir con la consultora. Este tipo de informes cubren aspectos técnicos y de gestión. También forman parte de este grupo de documentación los documentos de especificaciones y requerimientos previos a la implantación.

Otro tipo de documentación relacionada con las aplicaciones de gestión son los manuales de utilización y de administración, guías rápidas, manuales de procedimientos, guías de instalación, etc.

El soporte de la documentación puede ser en papel o electrónico a través de CD's o DVD's (PDF).

Ejercicio propuesto sobre el Caso Práctico Nº 3: Documentación

Analizar si la aplicación que acabamos de instalar proporciona manuales de utilización, ayuda en línea, etc.

4.8 FORMACIÓN A USUARIOS

El usuario va a ser la persona que va a sufrir en primer grado el impacto de este tipo de aplicaciones. Dado que son los encargados de la explotación de la aplicación, es fundamental una correcta instrucción en su manejo con el fin de sacar el máximo partido a la nueva herramienta.

Si bien es cierto que el grado de aceptación de la nueva aplicación por parte de los usuarios no va a ser la misma, también es cierto que los usuarios tampoco son todos iguales pudiéndonos encontrar con varios tipos:

- Usuario poco tecnológico: no está acostumbrado al uso de la tecnología en su trabajo diario por lo que su esfuerzo será superior al resto de usuarios.
- Usuario que ya trabaja con ordenadores pero no conoce la aplicación: tras un periodo formativo y de adaptación, suele adaptarse rápidamente
- Informáticos y personal técnico implicado: a ellos también les afecta la adquisición de sistemas de este tipo, no porque sean usuarios de la misma sino por tener que entender mínimamente su funcionamiento para evitar en la medida de lo posible una excesiva dependencia de la empresa implantadora para la solución de problemas en el día a día. Su formación suele ser específica además de que suelen trabajar estrechamente con la empresa implantadora en la parametrización e instalación

La formación a usuarios suele darse de las siguientes formas:

- mediante cursos de formación: a usuarios y a administradores
- mediante manuales en formato impreso papel o electrónico
- mediante ayudas en línea dentro de la aplicación
- líneas de soporte a usuarios mediante teléfono o web
- soporte in-situ a presencial

5 HERRAMIENTAS ERP-CRM COMERCIALES

Toda la información de cada una de las soluciones expuestas ha sido extraída del sitio web oficial de los fabricantes.

5.1 ORACLE

Información extraída de Oracle España: http://www.oracle.com

Oracle e-Business Suite Release 12

Oracle E-Business Suite es una de las suites de aplicaciones de negocio más completas del mercado. Permite hacer más eficientes las relaciones con los clientes, ofrecer servicios, fabricar productos, enfrentarse a pedidos, reunir pagos, etc. – todo desde un simple sistema diseñado con una estructura de información unificada y totalmente integrada.

Módulos:

- Finanzas
- Ventas: soporta procesos de venta multicanal y multidepartamental
- Marketing: personalización de campañas, etc
- Producción: optimiza la capacidad de producción, desde la materia prima hasta el producto final.
- Logística: controla la total ejecución del proceso – desde la gestión del almacén hasta el transporte y vuelta al almacén.
- Cadena de suministro: visibilidad, información en tiempo real y colaboración a lo largo de toda la cadena de suministro.
- Ejecución de Pedidos: ejecución de órdenes y pedidos mejorando la eficacia de los procesos y controlando el cumplimiento de costes
- Compras
- Servicios
- Mantenimiento: planes de mantenimiento pro-activos y ejecución para instalaciones, flotas, plantas industriales y aviones
- Gestión de vida del producto

- Proyectos
- Recursos Humanos: es el mejor conjunto de aplicaciones del mercado relacionadas con el manejo eficiente de la fuerza de trabajo, proporciona las herramientas necesarias para alinear a los trabajadores con los objetivos de la empresa, encargándose de los recursos humanos, beneficios/ventajas, pagos de nóminas, reclutamiento, gestión del tiempo, formación y necesidades analíticas
- Inteligencia: conjunto de aplicaciones de informes y análisis diseñados para entregar información procesable, en tiempo real y de forma precisa tanto a ejecutivos como a directivos y empleados con responsabilidad en la toma de decisión.

PeopleSoft Enterprise

Conjunto de aplicaciones destinadas a proporcionar soluciones empresariales y sectoriales completas que permiten a las organizaciones aumentar significativamente su rendimiento. Ofrecen integración de servicios Web para acoplarse de forma transparente a entornos de aplicaciones heterogéneos y una amplia selección de infraestructura tecnológica. La sencilla configuración garantiza el cumplimiento de los requisitos más exclusivos de los clientes.

Funcionalidades novedosas en la versión PeopleSoft Enterprise Release 9.0:

- Gestión del ciclo de vida de los activos
- Campus Solutions
- Gestión de relaciones con los clientes
- Gestión del rendimiento de la empresa
- Automatización de servicios empresariales (Gestión de proyectos)
- Gestión financiera
- Gestión del capital humano
- Gestión de relaciones con los proveedores (adquisición gestión de cadenas de suministro)

Siebel

El CRM de Oracle, Siebel CRM 8.0, permite a las organizaciones transformar la experiencia con los clientes en una fuente de información muy útil. Permite adoptar soluciones a medida en función de las características de la empresa.

Funcionalidades:

- Ventas
- Marketing
- Centro de Contacto y Servicios
- Autoservicio y factura electrónica
- Siebel CRM a demanda
- Integración con los datos de los clientes
- Infraestructura de Call Center
- Gestión de la relaciones con los socios /partners / distribuidores
- Aplicaciones BI
- Tecnología CRM

JD Edwards EnterpriseOne 8.12

- Diseñado para la mediana empresa
- Presenta una arquitectura integrada, simple y flexible, que reduce los costes de propiedad (TCO) y proporciona un rápido retorno de la inversión ayudándole a mejorar sus procesos de negocio.
- Diseñado para el mercado de soluciones "a demanda"
- Es una solución adecuada en industrias que se caracterizan por llevar a cabo operaciones estrechamente integradas, donde el éxito depende de la rapidez de actuación en las prioridades compartidas, del hecho de compartir información entre departamentos y las redes de socios, y de la anticipación a los cambios en el mercado y la demanda de los clientes.
- Para empresas de fabricación y distribución:

- Fabricación
- Alimentación y bebidas
- Moda, Calzado y Complementos
- Distribución Mayorista
- Automoción
- Dispositivos Médicos
- Productos Farmacéuticos
- Electrónicos de Alta Tecnología
- Productos Personales y Domésticos

- Para Empresas con una amplia inversión en gestión de activos:
  - Papel y embalaje
  - Químicos y Lubricantes
  - Energía
  - Textil
  - Metales Primarios
  - Minería
  - Servicios Públicos
- Para Empresas Orientadas a Proyectos:
  - Construcción
  - Inmobiliarias
  - Diseño e Ingeniería
  - Servicios

5.2 SAP

Información extraída de: http://www.sap.com y de la Colección de Guías Oficiales de SAP - PRESS

SAP (Systems, Applications, Products in Data Processing)

La plataforma SAP requiere un sistema "básico" que es R/2 o R/3 BASIS. Sobre ellos se pueden instalar los distintos módulos de aplicación, que a su vez pueden incluir varios componentes que realizan varias funciones, que reciben un título o una letra código, como SD - Sales & Distribution.

Aunque se instale un módulo, no es necesario que todos sus componentes se configuren como activos. De la misma forma, un componente no tiene que tener todas sus funciones disponibles para el usuario.

Un módulo o aplicación de SAP R/3 es un grupo de programas que se ha diseñado para el proceso de datos de un tipo de negocio específico. Cada aplicación está totalmente integrada con el R/3 BASIS, lo que la permite comunicarse con cualquier otra.

Algunos módulos dependen de otras aplicaciones. Por ejemplo, el módulo CO-Controlling (Control) depende del módulo FI-Financial Accounting (Contabilidad financiera). Alguno de los componentes de un módulo puede ser opcional, así como alguna de las funciones de un componente; como consecuencia de esta flexibilidad, cada instalación de R/3 debe ser hecha para ajustarse a las peculiares necesidades de cada cliente en particular.

Cada aplicación está dirigida a un sector principal de la actividad empresarial, variando desde la contabilidad financiera hasta los recursos humanos. En cada una de ellas se agrupan los módulos que con más probabilidad están asociados al título de la aplicación; no obstante, el diseño completamente integrado de los programas normalizados de SAP permite gran flexibilidad en el encaje de los módulos para formar una implantación muy específica.

Cada implantación necesitará un módulo R/3 básico que es el que proporciona el sistema de tiempo de ejecución (runtime); incluye las herramientas fundamentales y las funciones del R/3 Data Dictionary, el SAP R/3 Reference Model, el ABAP/4 Development WorkBench y el componente R/3 Customizing.

R/2 se desarrolló como un sistema mainframe y R/3 está pensado para un entorno cliente / servidor de nivel múltiple. Una instalación SAP debe incluir ambos sistemas R/2 y R/3 configurados, por ejemplo, como anfitrión central y satélites.

El sistema se entrega completo con herramientas de ayuda durante el proceso de implantación, desde el primer análisis hasta personalizar la evaluación del rendimiento de la instalación. Así mismo se dispone de un paquete de aplicaciones normalizadas para empresas personalizables

Para los casos en que no se haya desarrollado una función comercial estándar, se dispone de un sofisticado lenguaje de programación (ABAP) para crear los programas a la medida que podrán ser integrados plenamente con los sistemas normalizados de SAP.

Las funciones básicas normalizadas del sistema SAP R/3 son capaces de realizar un amplio rango de procesos empresariales requeridos en casi cualquier tipo de negocio comercial, desde la conducción de un diálogo controlado con un usuario, hasta los procesos necesarios para mantener un sistema de datos integrado, o hasta las funciones estadísticas y de control de orden elevado que son imprescindibles en un sistema de gestión empresarial.

Las transacciones con el sistema pueden cubrir desde un intercambio de datos hasta la toma de decisiones, desde el desarrollo de software hasta la presentación del diseño, desde procesados automáticos hasta complicados informes financieros.

FUNCIONALIDADES:

- análisis empresarial: permite la evaluación del rendimiento empresarial mediante el análisis del personal, las operaciones y la cadena de suministro
- contabilidad financiera y contabilidad interna: mediante la automatización de la gestión de la cadena de suministro, la contabilidad financiera y la contabilidad interna (SAP ERP Financials)
- gestión del capital humano: maximizar el potencial de la rentabilidad del personal (SAP ERP Human Capital Management)
- gestión de operaciones: optimización de las operaciones mediante la gestión de los procesos de logística, cadena de suministro, gestión del ciclo de vida del producto y gestión de la relación con los proveedores (SAP ERP Operations)
- gestión de servicios corporativos: permite optimizar los servicios centralizados y descentralizados de gestión de bienes inmuebles, viajes de empresa, incentivos y comisiones (SAP ERP Corporate Services)
- autoservicios: portal del empleado

SAP ERP incluye cuatro **SOLUCIONES** individuales que se combinan para proporcionar una sólida base para los procesos de negocio:

- SAP ERP Financials
- SAP ERP Human Capital Management

- SAP ERP Operations
- SAP ERP Corporate Services

El sistema R/3 contempla las siguientes **ESPECIFICACIONES POSIX PARA SISTEMAS ABIERTOS**:

- TCP/IP, para el protocolo de comunicaciones de red y para otros también seguros
- RPC, que está incluida en ABAP/4 como RFC (Remote Function Call, llamada a función remota) para permitir que otros sistemas conecten con las funciones de R/3 y constituye la interfaz de programación abierta de R/3.
- CPI-C (Common Programming Interface-Communication), para las comunicaciones programa a programa a través de sistemas múltiples.
- SQL (Structured Query Language, lenguaje de consulta estructurado) y ODBC (Open Data Base Connectivity), son las normas utilizadas para el acceso abierto de los datos comerciales de R/3 en las bases de datos relacionales.
- OLE/DDE (Object Linking and Embedding) es el estándar principal para integrar las aplicaciones de los PC's con R/3.
- X.400/x.500, MAPI (Message Application Programming Interface) y EDI (Electronic Data Intechange) son las normas para las comunicaciones externas.
- También están establecidas interfaces abiertas para proporcionar acceso a aplicaciones especializadas como: CAD, Archivos ópticos y subsistemas técnicos relacionados con la producción, tales como DASS para captación de datos de fábrica.

La mayoría de los sistemas empresariales tiene que ofrecer tres funciones principales:

- servicios de bases de datos para retener la información, por ejemplo, en materiales y en métodos utilizados en la fabricación y el embalaje.
- aplicaciones de procesado de datos, por ejemplo, para asegurar que los materiales necesarios para la producción se suministran en el lugar preciso y en el momento adecuado, así como que las existencias se mantienen.
- Servicios de presentación, por ejemplo, para informar del progreso de producción y del estado de las existencias.

La intención de la organización SAP es mantener y ampliar la reputación de los sistemas R/2 y R/3 en relación con los objetivos siguientes:

- proporcionar una infraestructura completa para el proceso de la información corporativa
- mantener un amplio repertorio de funciones comerciales normalizadas que se pueden combinar para resolver una gran gama de procesos empresariales
- asegurar que los sistemas SAP son válidos en todo el mundo.
- mantener una política profundamente abierta con respecto a la accesibilidad de los datos y a la funcionalidad
- soportar las interfaces y aplicaciones disponibles con los sistemas que no son SAP.

El amplio abanico de módulos estándar del software de SAP permite diseñar cualquier modelo de flujo de actividades en una empresa. Los detalles precisos de cada instalación a la medida se establecerán cuando cada programa sea instalado, configurado y personalizado.

MÓDULOS:

- FI- Financial Accounting (Contabilidad financiera)
- CO-Controlling (Control)
- EC-Enterprise Controlling (Control de empresa)
- TR-Treasury Management (Gestión de tesorería)
- PS-Project System (Sistema de proyectos)
- PP-Production Planning (Planificación de la producción)
- PP-PI Production Planning for the Process Industries (Planificación de la producción para industrias de proceso)
- PM-Plant Maintenance (Mantenimiento de planta)
- SD-Sales and distribution (Ventas y Distribución)
- HR-Human Resources (Recursos humanos)
- MM-Materials Management (Gestión de materiales)

SAP ofrece un software estándar que no puede ser cambiado por el usuario comercial. Lo que si puede hacer, y normalmente hace, es personalizar el tipo de datos que se maneja y los procesos a los que estás sujetos para así adaptarse a sus necesidades. También ha de hacerse lo mismo con el flujo de datos y la manera en que se desarrolla.

SAP Y LAS PLATAFORMAS OPENSOURCE

Tal y como se anuncia en http://www.tcpipmagazine.com/index.asp?spg_id=7, en el artículo titulado "Novel SAP ofrecen opciones de soporte de linux expandidas a los clientes": "...Novell y SAP planean trabajar juntos en el futuro para optimizar SUSE Linux Enterprise Server para aplicaciones en plataformas SAP, incluidos SAP NetWeaver(R) y SAP Business Suite. Además, SAP recomienda SUSE Linux Enterprise Server como plataforma preferida para aquellos clientes que quieran utilizar las aplicaciones SAP en Linux. La combinación de SAP Business Suite en SUSE Linux Enterprise Server proveerá una administración consistente de las aplicaciones SAP en entornos de software mixtos, de código abierto y comerciales..."

MiniSAP

Se trata de la Release 4.6 D de SAP totalmente funcional durante unos meses, para practicar algunas funcionalidades.

MiniSAP es un pequeño *BASIS* que contiene una completa base de datos sobre agencias de vuelo. Pero también proporciona la posibilidad de crear nuestros objetos de diccionario.

Requisitos hardware y software:

- Windows 2000 ó superior
- Internet Explorer 4.01 o superior
- RAM > 128MB
- Min. 256 MB de archivo de paginación
- Al menos 2.2 GB de espacio libre en el disco duro (60 MB para la Base Datos, 1.9 GB SAP, 100 MB SAP Gui + espacio temporal para la instalación)
- El archivo C:*Windows\system32\drivers\etc\services* no debe tener una entrada para el puerto 3600

Si estamos interesados en instalarlo nos puede ayudar el blog de Javier Sahagún: http://javiersahagun.blogspot.com/2007_04_22_archive.html

5.3 MICROSOFT

Información extraída de Microsoft y Microsoft Ibérica: http://www.microsoft.com y http://www.microsoft.com/spain

Microsoft Dynamics CRM

- Diseñado para pequeñas y, medianas empresas, y departamentos y divisiones de grandes organizaciones
- Solución fácil de usar, ofrece una suite completa de marketing, ventas y servicio al cliente, todo ello con una experiencia de usuario familiar, puesto que se basa en Microsoft Office y Microsoft Office Outlook.
- Proporciona una plataforma flexible y escalable que crecerá con su empresa
- Tecnologías incluidas en la versión 3.0:
    - Microsoft CRM Server 3.0
    - Microsoft CRM 3.0 Desktop Client for Microsoft Outlook (opcional)
    - Microsoft CRM 3.0 Laptop Client for Microsoft Outlook (opcional)
    - Active Directory y DNS
    - Microsoft Exchange 2000 Server o 2003 (opcional)
    - Microsoft Windows Server 2003 R2
    - Microsoft SQL Server 2000 o 2005
    - Microsoft Windows Server Terminal Services 2003
    - Internet Information Services (IIS)
    - .NET Framework
- Los servidores MS CRM pueden instalarse en un entorno de cluster de MS SQLServer
- En el caso de utilizar redes de almacenamiento (SAN, Storage Area Network), la tecnología a utilizar es la de fibra óptica, y de 12 a 16 discos para la tempdb de SQLServer (RAID 10) y 2 discos (RAID 1) para el fichero de log de SQLServer
- Permite el balanceo de carga entre servidores (NLB)

- Arquitectura y configuraciones hardware recomendadas:

    - Microsoft CRM Server y Microsoft SQL Server en la misma máquina:

AMD Opteron o Intel Xeon				
Edición de MS Windows Server	Nº de usuarios concurrentes a MS CRM	Procesadores Dual Core	RAM (GB)	Red (GB)
Microsoft Small Business Server R2 (32bits)	<75	2	4	1
Windows Server 2003 Std Edition R2 (32 bits)	<75	2	4	1

El tamaño de la base de datos no debe superar los 10GB, unos 100.000 registros

- Microsoft CRM Server y Microsoft SQL Server en máquinas distintas:

AMD Opteron o Intel Xeon				
Edición de MS Windows Server	Nº de usuarios concurrentes a MS CRM	Procesadores Dual Core	RAM (GB)	Red (GB)
Microsoft Windows Server 2003 Std Edition R2 (32bits)	<250	2	4	1
Windows Server 2003 Std Edition R2 (32 bits)	<250	2	4	1

El tamaño de la base de datos no debe superar los 50GB

- Microsoft CRM Server y Microsoft SQL Server en máquinas distintas con alta disponibilidad:

AMD Opteron o Intel Xeon				
Edición de MS Windows Server	Nº de usuarios concurrentes a MS CRM	Procesadores Dual Core	RAM (GB)	Red (GB)
Microsoft Windows Server 2003 R2 (32bits)	<250	2	4	1
Windows Server 2003 Enterprise Edition R2 (32 bits)	<250	2	4	1

El tamaño de la base de datos supera los 50GB

- **Módulos de Microsoft CRM 3.0 Professional**:
  - Ventas:
    - Gestión de oportunidades
    - Gestión del proceso de ventas
    - Ofertas
    - Gestión de pedidos
    - Gestión de la fuerza de ventas
    - Documentación de ventas
    - Correo electrónico directo
  - Servicio al cliente:
    - Gestión de casos
    - Vista completa de información de clientes
    - Gestión de colas y enrutamiento automático
    - Correo electrónico de respuesta automática
    - Gestión de correo electrónico
    - Planificación de servicio
    - Base de datos de conocimiento donde e pueden realizar búsquedas
    - Contratos de servicio
  - Marketing:
    - Campañas de marketing
    - Creación y cualificación de listas
    - Plantillas de campañas
    - Ejecución de campañas
    - Seguimiento de la información de marketing
- Programas de licencias: Enterprise Agreement, Licencia Select, Licencia Open Multi-Anual, Open Value, Licencia Open; Académico: Licencia Select, Licencia Open y Campus y School Agreements
- Microsoft CRM Professional Edition se recomienda para las organizaciones de más de 50 usuarios que tienen varios servidores en su red.

- Microsoft CRM Small Budines Edition se recomienda para organizaciones con menos de 50 usuarios y que tienen un solo servidor en su red gestionado con Windows Small Budines Server 2003 Premium
- Para empresas que no pueden realizar una fuerte inversión inicial se ofrece la posibilidad de implementar servicios de hosting de CRM

Microsoft Dynamics NAV (Antes Microsoft Business Solution – NAVISION)

- Diseñado para pequeñas y medianas empresas
- Solución de gestión empresarial integrada y adaptable
- La implementación es rápida y eficaz, resulta sencillo personalizarla, mantenerla y compatibilizarla con otros sistemas.
- Permite optimizar procesos, ofrecer una creación de informes eficaz e inteligencia de negocio, además de conectar empleados, clientes y colaboradores en un mercado global
- Sus fortalezas clave se apoyan en la gestión financiera, fabricación, distribución, gestión de relaciones, de servicios, comercio electrónico y análisis.
- Permite realizar análisis de todos los aspectos de las operaciones incluidos los movimientos individuales, los indicadores clave de rendimiento, las tendencias ylas oportunidades de crecimiento.
- Gran variedad de opciones analíticas y de creación de informes
- **Funcionalidades:**
    - **Gestión financiera**: gestión de la contabilidad, cobros, pagos, inventario, contabilidad analítica, activos fijos y el flujo de caja, realización de conciliaciones y cobros bancarios
    - **Fabricación**: Fabricación Microsoft Dynamics NAV ofrece un conjunto integrado de aplicaciones de fabricación que otorgan las herramientas para planificar, gestionar y ejecutar una operación de fabricación global. Gestione todo su proceso de fabricación: desde la planificación de requisitos de la configuración del producto, suministro y capacidad hasta la programación pasando por el control en planta.
    - **Gestión de la cadena de suministro**: Personalización de los procesos de los ciclos de ventas, compras, picking, empaquetado y envío. Mejor gestión del

inventario, almacenes únicos o múltiples y la introducción de pedidos y la planificación de la demanda.

- **Inteligencia de negocio y creación de informes**: sofisticadas soluciones de creación de informes, análisis y presupuesto que ayudan a mejorar e impulsar la toma de decisiones importantes en toda la organización. El acceso directo a información importante para el negocio en tiempo real y un amplio abanico de herramientas analíticas y de creación de informes pueden ayudar a administrar presupuestos, crear y consolidar informes, así como a buscar tendencias y relaciones.
- **Gestión de la relación con los clientes**: La gestión de la relación con los clientes puede automatizar muchas tareas cotidianas de los profesionales de ventas, servicio de atención al cliente y marketing: registros del cliente, históricos de ventas, campañas de marketing, seguimiento de la actividad del cliente, seguimiento del consumo de piezas, acuerdos de contratos y servicio, y control sobre los costes.
- **Colaboración en el espacio de trabajo**: por parte de los empleados ampliando el acceso a las aplicaciones, información y procesos empresariales. Windows SharePoint Services permite crear grupos de trabajo para generar discusiones e intercambiar información sobre intereses y proyectos concretos.
- **Configuración y desarrollo**: Personalización mediante herramientas integradas diseñadas para ayudar a reducir la dependencia de profesionales de TI altamente cualificados.
- **Gestión de recursos humanos**: ofrece soporte para los procesos de recursos humanos ayudando a organizar y controlar información sobre los empleados. Anotaciones de comentarios a los registros de empleados, seguimiento de las ausencias, creación de informes que permiten supervisar a los empleados.
- **Gestión de proyectos** Las capacidades de gestión de proyectos admiten trabajos a largo plazo y actividades relacionadas con proyectos con el fin de ayudar a presupuestar los costes de los proyectos y automatizar facturas, administrar los recursos, realizar el seguimiento de los costes y uso de los recursos, planificar la capacidad y predecir la disponibilidad.

- **Características:**
  - Interfaz de usuario intuitiva, similar a cualquier otra aplicación de Microsoft
  - Permite la personalización de formularios, informes, pantallas de usuario

  - o Existen soluciones específicas para la industria y otras complementarias
  - o Perfecta integración con el resto de programas y otros servicios de Microsoft
  - o Permite una rápida implementación gracias a multitud de herramientas que la facilitan
  - o Compatibilidad con varias divisas e idiomas

- **Módulos**
  - Gestión Financiera:
    - o Activos fijos
    - o Contabilidad
    - o Multidivisa
    - o Cobros
    - o Pagos
  - Fabricación:
    - o Fabricación
    - o Planificación del suministro
  - Distribución:
    - o Almacén
    - o Gestión de inventario
  - Ventas y marketing:
    - o Ventas y marketing
  - Gestión de servicio
    - o Servicio
  - Business Intelligence:
    - o Inteligencia de negocio

5.4 META4

(Toda la información expuesta en este apartado ha sido obtenida del folleto expuesto en www.meta4tinnova.com)

Nóminas

- Meta 4T-Innova soluciona complejo problema que supone la generación de las nóminas dentro de una organización, proporcionando los elementos de gestión, análisis y documentación necesarios para optimizar al máximo los recursos económicos que implican los costes de personal de la organización.
- Permite parametrización, está preparada para el tratamiento de nóminas corporativas multisociedad, multiempresa y de implantación internacional.
- Permite la incorporación de distintas disposiciones legales en lo referente a seguridad de la información.
- Posibilidad de realizar acciones atrasadas en fecha
- Rápida ejecución de los cálculos de nóminas
- Acceso al recibo virtual de nómina vía autoservicio del empleado.
- Entorno mixto cliente/servidor y Web.
- Multisociedad, multiempresa, multipaís, multimoneda, multidioma.
- Posibilidad de utilizar datos corporativos externos a la aplicación, incluso residentes en distintas ubicaciones geográficas.
- Tratamiento mediante comunicaciones remotas incluso para mantenimiento e implantación.
- Ilimitadas pagas abiertas en paralelo.
- Lenguaje de especificación de conceptos muy cercano al lenguaje natural.
- Pagas cerradas "on-line".
- + 10.000 conceptos de cálculo.
- Visualización y depuración de la estructura de cálculo.
- Herramientas de tratamiento de la información muy cercanas al usuario.
- Gestión de contratos legales.
- Gestión de profesionales.

- Herramientas automatizadas de actualizaciones funcionales y tecnológicas.
- Menús personalizados para cada perfil y usuario.
- Lógica completa del producto y parametrización en el GSBD.
- Cumplimiento de las especificaciones más exigentes de seguridad (LOPD).
- Generación automatizada de informes legales y estadísticos.
- Generación de simulaciones presupuestarias.
- Acceso a cualquier paga pasada, pudiendo trabajar con un número indeterminado de pagas abiertas. Todos los datos de la aplicación están fechados, por lo que es posible retrotraerse a cualquier situación pasada y efectuar informes, recálculos, etc. La aplicación procesa la retroactividad de manera ilimitada (se pueden efectuar tantas como se quiera), por cualquier concepto: numérica, alfabética y procedimental, es decir, variando las reglas utilizadas para calcular en cualquier momento pasado.
- Dispone de sistemas de visualización gráfica de la estructura de cálculo
- Dispone de potentes herramientas de gestión y de explotación de la información: generador de informes específicos sobre nóminas y sus acumulados, informes predefinidos, gráficos, estadísticas, generador de cartas, etc.
- Permite la visualización en pantalla del formato real de los impresos. La aplicación se entrega con el modelo de datos, los conceptos, impresos y salidas legales según las ordenanzas de cada país.
- Existe plena flexibilidad para la creación de nuevos conceptos, modificación de los mismos, creación de fórmulas, etc., y dispone de herramientas de configuración totalmente accesibles para el implantador. El motor de base de datos puede modificarse mediante herramientas CASE o por las propias herramientas del SGBD utilizado.
- Manejo de NÓMINA de T-Innova es muy sencillo.
- Dispone de muchos elementos de análisis y tratamiento de la información: EIS, cuadros de mando sobre la masa salarial, etc.
- Permite efectuar simulaciones, presupuestos, análisis de desviación, gráficos, estadísticas, pudiendo analizar los datos económicos desde una doble visión: por fechas de imputación o por fechas de pago.
- Permite la integración con otras aplicaciones corporativas o periféricas: control de presencia, contabilidad, etc.

- El núcleo de NÓMINA consiste en un motor de cálculo de diseño propio, especialmente construido para optimizar las funciones específicas asociadas al cálculo de nómina, de manera que obtiene todos los beneficios que el entorno SQL proporciona, y evita los problemas que su aplicación directa a procesos de nómina ocasiona. Se puede parametrizar el motor de cálculo para que utilice 'on line' datos procedentes de cualquier fuente ODBC: ficheros de texto, Excel, DBIV, la mayoría de las bases de datos SQL (incluyendo DB2), etc., pudiendo residir en distintas localizaciones geográficas.
- En la NÓMINA de T-Innova se ha puesto especial énfasis en la optimización de las comunicaciones, minimizando el tráfico de datos por la red.
- Funcionalidades que incorpora el producto:
    - Tratamiento de Datos TGSS (AFI y FAN)
    - Tratamiento de Datos Hacienda (Tipo de IRPF, 190, Certificados Haberes, 110,111...)
    - Retenciones judiciales de diversa naturaleza
    - Tratamiento de empleados de cotizaciones mensual, diaria y horaria .
    - Impacto de la reducción de jornada en nómina
    - Tratamiento de extranjeros, Ceuta y Melilla.
    - Parametrización ilimitadas pagas extras con sus periodos de devengo
    - Cálculo automatizado del finiquito
    - Gestión de absentismo (Maternidad, Enfermedad, Huelga, Accidente...)
    - Jubilación gradual
    - Maternidad a tiempo parcial
    - Gestión de vestuario
    - Cálculo automatizado de indemnizaciones
    - Gestión de becarios
    - Dietas y viajes
    - Incentivos, Bonos y gratificaciones
    - Pagos especie (stock options, acciones, seguros, viajes, comidas, coche...)
    - Pagos irregulares

- Más de 200 conceptos generales (salario base, antigüedad, plus tóxico, penoso, nocturnidad...)

Capital humano

- Inventario: personas de la organización, datos de filiación, históricos de departamentos, de puestos de trabajo, de formación interna y externa, información asociada a su trayectoria profesional: evaluaciones, competencias, seguimiento, acciones futuras a realizar, proyección profesional, etc.
- Formación: planificación general de la formación como la gestión del día a día: asistencia, imputación y control de costes, evaluaciones, cancelaciones, generación de cartas de citación, cursos, etc. Elabora informes muy completos sobre las actividades de formación realizadas: costes, presupuestos, desviaciones respecto a previsiones, etc.
- Evaluación del Desempeño: Permite la gestión de la evaluación en su dimensión individual y global, facilitando los análisis de desviaciones, homogeneidad por evaluadores, departamentos, puestos, etc.
- Gestión de selección: con dos grandes áreas:
    - Candidatos: Consiste en una base de datos que contiene la información de las candidaturas recibidas, permitiendo efectuar la gestión de las entrevistas, pruebas psicotécnicas, acciones de seguimiento, codificación de las competencias, búsqueda de candidatos según múltiples criterios, evaluación de rentabilidad de fuentes de reclutamiento, etc.
    - Procesos de selección: Donde se tratan las **peticiones de contratación**, gestión de plazas, emisión de ofertas, permitiendo la realización de estudios sobre las actividades del departamento, analizando por períodos, costes, tiempo dedicado, etc.
- Desarrollo de Carreras: Trata la gestión del potencial de desarrollo de los empleados.

  Permite planificar los puestos de proyección, movilidad, etc., facilitando además, la realización de búsquedas internas por estos conceptos.
- Compensación y Beneficios: Permite el tratamiento de los aspectos económicos como la definición de niveles salariales y estudio del posicionamiento de los salarios según los niveles definidos, estudios de equidad salarial, etc. Permite la realización de

informes sobre la política retributiva, presentando gráficos de regresión, agrupación por cuartiles,...

- Seguimiento/Agenda: Su función es la de registrar eventos que se producen o han de producirse en relación con las personas. La agenda, en concreto, permite la planificación de tareas pendientes de realizar relativas a empleados, así como el estudio de las actividades del departamento de Recursos Humanos. El seguimiento permite codificar cualquier evento ocurrido con las personas, permitiendo su posterior análisis estadístico. Resulta de mucha utilidad para realizar estudios sobre clima laboral, detección de problemas potenciales,...
- Riesgos Laborales: Integrado por una serie de componentes que permiten identificar claramente detalles propios de la organización, puestos de trabajo, riesgos existentes, medidas correctoras y procesos de evaluación.
- Puestos de Trabajo: Permite la creación del inventario de puestos de trabajo, conteniendo su descripción, valor del puesto, competencias asociadas, familias profesionales, etc.
- Árboles (cuadros sinópticos): permite la presentación de la información en formato árbol (cuadro sinóptico) y el acceso dinámico desde cada nodo del mismo a cualquiera de las fichas que lo genera. De esta manera, pueden representarse organigramas jerárquicos, funcionales, esquemas del plan de formación y en general, cualquier aspecto de la aplicación susceptible de ser esquematizado.
- Cualificaciones o Competencias: Permite la creación ilimitada de competencias y su asignación tanto a personas como a puestos. Las posibilidades de explotación son múltiples y sencillas.

Portal del empleado

Beneficios:

- Mejorar las comunicaciones internas y ofrecer un servicio de mayor calidad a los empleados.
- Garantizar datos actualizados y exactos.
- Aumentar la eficiencia y mejorar la productividad.
- Simplificar y automatizar los procesos administrativos.
- Reducir costes y optimizar recursos.
- Mejorar la integración entre la compañía y los empleados.

- Convertirse en una organización virtual y ofrecer productos y servicios en el mundo del e-business.
- Al descentralizar la función de recursos humanos, los profesionales de este área pueden dedicar sus esfuerzos a la toma de decisiones y planificación estratégica para la organización a medida que ésta evoluciona.

Requerimientos técnicos:

PUESTO DE TRABAJO CLIENTE

Hardware

Procesador: Pentium III a 600 Mhz

RAM: 128 MB

Disco Duro: 100 MB. mínimo software Meta4

Sistema Operativo

Microsoft Windows Nt, 2000 y XP.

SERVIDOR DE BASE DE DATOS

Hardware

La configuración se hará dependiendo del número de empleados a gestionar.

Los requerimientos mínimos son:

Procesador: Pentium III a 800 Mhz

RAM: 512 Mb

Disco Duro: dependiendo del volumen del número de empleados a gestionar por las BBDD.

Sistema Operativo

Microsoft Windows Nt, 2000.

Motor de Base de datos

Sql Server 2000

SERVIDOR DE APLICACIONES

Hardware

La plataforma que actúa como servidor de aplicaciones es opcional ya que sólo sería necesaria en el caso de implantar el autoservicio del empleado y manager (ESS, MSS)

Los requerimientos mínimos son:

Procesador: Pentium III a 800 Mhz (Intel) o SPARC 400 Mhz (Solaris)

RAM: 512 Mb

Disco Duro: dependiendo del volumen del número de empleados a gestionar por las BBDD.

Sistema Operativo

Microsoft Windows Nt, 2000.

SERVIDOR WEB

Hardware

La plataforma que actúa como servidor Web es opcional ya que sólo sería necesaria en el caso de implantar el autoservicio del empleado y manager (ESS, MSS)

Los requerimientos mínimos son:

Procesador: Pentium II a 400 Mhz (Intel) ó SPARC 270 Mhz (Solaris)

RAM: 256 Mb mínimo (la memoria va en función del número de empleados que utilicen el autoservicio)

Certificaciones

IIS de Microsoft.

SOFTWARE DE TERCEROS

Crystal Report 8, 9

Terminal Server 4.0 Sp6 o 2000

Metaframe Citrix

6 HERRAMIENTAS ERP-CRM OPEN SOURCE

6.1 OPENBRAVO

Información extraída de la página oficial de OpenBravo: http://www.openbravo.com

- **Openbravo** es una aplicación de código abierto de gestión empresarial destinada a empresas de pequeño y mediano tamaño.
- Ha sido construida siguiendo estándares abiertos: J2EE, SQL, JDBC, HTML, CSS, MDD, XML Engine y SQLC para el desarrollo y XML, FOP, PDF, RTF para el intercambio y presentación de datos. El lenguaje de desarrollo es Java y la base de datos Oracle.
- Disponible en varios idiomas.
- Openbravo es una aplicación completamente web que ha sido desarrollada siguiendo el modelo MVC (Model, View, Control), lo que facilita el desacoplamiento de las áreas de desarrollo, permitiendo el crecimiento sostenible de la aplicación y una mayor facilidad en el mantenimiento del código.
- La mayor parte del código se genera automáticamente por el motor denominado WAD (Wizard for Application Development), basándose en la información contenida en el Diccionario del modelo de datos (Data Model Dictionary). El motor ejecuta y recompila la aplicación cada vez que el administrador modifica la configuración para adaptarla a un nuevo requerimiento.
- La aplicación debe estar instalada en un servidor con MVC-FF (MVC Foundation Framework), para proporcionar soporte a la arquitectura MVC. Adicionalmente, es necesario instalar un conjunto de aplicaciones de base que conforman el Entorno Operativo (Operating Environment).
- Los equipos clientes no necesitan tener instalada ninguna aplicación específica al margen de un navegador web estándar.
- Las grandes **áreas** que integra actualmente el sistema de gestión son:
    - **Gestión de los datos maestros**: Productos, componentes, listas de materiales, clientes, proveedores, etc. Permite la organización y centralización de los datos clave del negocio, facilitando que la información fluya con facilidad y rapidez entre todas las áreas implicadas en los diferentes procesos de negocio
    - **Gestión de los aprovisionamientos**: Tarifas, pedidos de compra, recepción de mercancías, verificación de facturas de proveedores, evaluación de proveedores, etc. Permite la navegación por los diferentes documentos que forman un

determinado flujo (pedido, albarán de proveedor, factura, pago) y conocer en tiempo real el estado de un determinado pedido (pendiente, entregado, facturado,...)

- **Gestión de almacenes**: Almacenes y ubicaciones, unidades de almacén, lotes, número de serie, bultos, etiquetas, entradas, salidas, movimientos entre almacenes, inventarios, valoración de existencias, transportes, etc. Posibilidad de definir la estructura de los almacenes, facilitando la localización de stocks. Capacidad para gestionar los lotes de mercancías y posibilidad de utilizar números de serie.
- **Gestión de proyectos**: Proyectos, fases, presupuestos, gastos, compras asociadas, etc. Permite gestionar, de manera integrada con el resto de la aplicación, el presupuesto, las fases, los costes y las compras asociados a cada proyecto individual.
- **Gestión de servicios**: Recursos, servicios, gastos, facturación de servicios, nivel de servicio, etc. Permite la definición de servicio y control de todas las actividades facturables o no, monitorización de gastos, etc.
- **Gestión de la producción**: Estructura de planta, hojas de rutas y BOM's (listas de materiales), órdenes de fabricación, partes de trabajo (notificación de tiempos y consumos), incidencias de trabajo, partes de mantenimiento, etc. Permite el modelado de la estructura productiva de cada organización y de los datos relevantes para la producción
- **Gestión comercial y gestión de las relaciones con clientes (CRM)**: Pedidos de venta, tarifas, albaranes, facturación, comisiones, CRM, etc. Permite encadenar los documentos (pedido, albarán, factura) en cualquier orden que la empresa precise. Capacidades de EDI e integración con sistemas de captura de pedidos en PDA.
- **Gestión económico-financiera**: Plan de cuentas, cuentas contables, impuestos, contabilidad general, cuentas a pagar, cuentas a cobrar, contabilidad bancaria, balance, cuenta de resultados, activos fijos, etc.
- **Business Intelligence (BI):** Reporting, análisis multidimensional (OLAP), cuadros de mando predefinidos. Permite realizar un seguimiento continuo del estado de la organización, proporcionando información relevante para la toma de decisiones a través de la monitorización de una serie de informes clave

Los **servicios** que ofrece OpenBravo para los usuarios:

- Consultoría estratégica.
- Consultoría de implantación.
- Mantenimiento presencial (a través de los partners).
- Los servicios que ofrece para los partners
- Pack de evaluación.
- Formación.
- Soporte de 2º nivel.
- Desarrollo a medida.
- Consultoría especializada.

6.2 ADEMPIERE

Información extraída de la página oficial de ADempiere: http://www.adempiere.com

- ADempiere ™ es un software Open Source con las siguientes funcionalidades:
  - Planificación de Recursos Empresariales (ERP)
  - Gestión de la Relación con los Clientes (CRM)
  - Administración de la Cadena de Suministro (SCM)
  - Análisis financiero
  - Terminal Punto de Venta (TPV)
- Surge a partir de Compiere® y es desarrollada y mantenida por una gran comunidad de usuarios y desarrolladores de todo el mundo.
- Admite varias monedas e idiomas
- Permite multi-organización
- Necesita un entorno de trabajo con Java y base de datos PostgreSQL para el equipo servidor y sólo Java para las estaciones cliente.
- Posee su propio generador de informes
- Su arquitectura facilita la extensión mediante el concepto de Diccionario de Datos

- Proporciona un motor de WorkFlow para administrar los procesos de negocio
- Sistemas Operativos admitidos:
    - 32-bit MS Windows (95/98/NT/2000/XP)
    - BSD Platforms (FreeBSD/NetBSD/OpenBSD/Apple Mac OS X)
    - POSIX (Linux/BSD/UNIX-like OSes)
    - Solaris
    - Microsoft Windows Server 2003
- Bases de Datos soportadas:
    - Oracle 10g (ediciones Standard, Standard One y Enterprise)
    - Oracle Database 10g Express Edition (Oracle XE)
    - PostgreSQL (8.1 y 8.2)

Con relación a este software resulta de interés echar un vistazo al suplemento "Linux Empresas", de StudioPress, distribuido junto con el nº de la revista Mundo Linux

6.3 SUGARCRM

Información extraída de la página oficial de SugarCRM: http://www.sugarcrm.com

- Sugar CRM es un producto realizado por SugarCRM Inc. que se distribuye bajo licencia SPL
- Está considerada como una de las soluciones más valoradas y más utilizadas en entornos empresariales que se declinan por la utilización de software "open source".
- Se puede implementar sobre Windows, sobre Linux e incluso MacOS
- Existen versiones superiores en prestaciones, destinadas a grandes empresas, como la Enterprise y Professional, que son de pago.
- Módulos:
    - Administración de contactos y cuentas
    - Gestión de Fuerzas de Ventas
    - Biblioteca de documentos

  - Gestión de incidencias
  - Calendario corporativo
  - Servicio de sindicación RSS.

- La aplicación se ofrece al usuario a través de su navegador, quien, tras validarse como usuario en el sistema podrá acceder a un entorno de menús que le dan acceso a lo distintos módulos
- Requisitos: Apache, PHP y MySQL
- **Configuraciones**: **Sugar On-Demand**, si nos decantamos por una solución de hosting; **Sugar Cube**, si necesitamos una aplicación CRM Plug and Play dentro de nuestro firewall; o **Sugar On Site**, si queremos gestionar Sugar desde nuestros propios servidores corporativos.

6.4 OTROS

- **Compiere** es una solución que integra ERP + CRM (gestión de las relaciones con los clientes) bajo interfaces Windows y Web. Es una solución internacional basada en los flujos de trabajo que realiza el personal de la empresa. Es una solución 100% Java sobre base de datos Oracle, con servidor de aplicaciones JBOSS. Actualmente ya no publica el código fuente ni todos los binarios, por lo que puede dejar de ser considerado software libre. OpenBravo está basado en una versión muy anterior de este software.
- **CK-ERP** es un ERP y CRM de código abierto que consta de 20 módulos o aplicaciones que incluyen facilidades para la gestión de la contabilidad de la empresa, pagos, ingresos, pedidos u órdenes de compra, gestión de ventas, cotizaciones recibidas, gestión del punto de venta, gestión de recursos humanos o personal, gestión de nóminas, gestión de contactos, entre otros. Su interfase online, es bastante simple pero es fácilmente adaptable a las necesidades de cualquier empresa. Sólo funciona en entornos Windows.
- **FacturaLUX** es software libre de tipo ERP (Enterprise Resource Planning) orientado a la administración, gestión comercial, finanzas y en general a cualquier tipo de aplicación donde se manejen grandes bases de datos y procesos administrativos. Genera aplicaciones multiplataforma (windows, linux, Mac,...). Aunque algunos módulos solo están disponibles en la modalidad de venta, es software libre bajo licencia GPL.

- **OpenXpertya** es un ERP y CRM de código abierto, con integración de servicios en línea. Utilizaba inicialmente la base de datos Oracle, aunque ahora admite otras. Está desarrollado en España bajo el patrocinio del Principado de Asturias y por tanto, está adaptado a la legislación española. Es un ERP Java, por tanto está básicamente orientado a ventanas, aunque también tiene módulos web para interactuar con todo tipo de clientes (web, dispositivos móviles, TPV's, etc.), ... Dispone también de los principales módulos que debe contener todo ERP.

- **TinyERP** es un software de ERP bajo licencia GPL. Inicialmente desarrollado en Bélgica, hay traducciones al español en versiones anteriores. TinyERP es un ERP reducido (5-50 usuarios) y principalmente enfocado a la PYME, aunque dispone de módulos como gestión de proyectos o estadísticas, más habituales de empresas de mayor tamaño.

- **Gestión LinEx,** distribuida con LinExPyme para la distro LinEX, que lleva los módulos de Contabilidad, Facturación, Nóminas y Recibos. Para pocos usuarios

7 BIBLIOGRAFIA, RECURSOS, REFERENCIAS Y ENLACES

En este punto incluyo todas las fuentes bibliográficas que he utilizado como apoyo para la creación de esta publicación, así como los enlaces a distintas páginas web y blogs cuyos contenidos también me han ayudado.

1. "SAP R/3 Gestión del sistema. Conocimientos básicos para la gestión del sistema R/3". Colección Guías Oficiales SAP-PRESS. Liane Hill. ISBN: 84-8088-556-6

2. "Informática aplicada a la gestión de empresas". Varios autores. Editorial ESIC. ISBN: 84-7356-232-1.

3. "Aplicaciones Informáticas. Gestión del desarrollo de aplicaciones informáticas en la empresa". A.Marín, E. Carrillo. Editorial PARANINFO. ISBN: 84-283-2196-5

4. "SAP R/3. Edición Especial". 2ª Edición. ASAP World Consultancy y Jonathan Blain. Editorial PRENTICE-HALL. ISBN:84-8322-144-6

5. "Aplicaciones informáticas y las empresas: Soluciones ERP". Juan José Guarch, Llanos Cuenca. SPUPV-2002 (Ref.: 2002-327)

6. "Reingeniería de la empresa". Michael Hammer, James Champú. Parramón Ediciones. ISBN : 84-342-1756-2

7. "Introducción a la administración de empresas". Eduardo Pérez Gorostegui. Editorial Centro de Estudios Ramón Areces. ISBN: 84-8004-240-0

8. "Intranets, empresas y gestión documental". Mariano Siminiani. Serie McGraw-Hill de Management. ISBN: 84-481-1062-5

9. "Implantación de sistemas y tecnologías de la información en las organizaciones". Ignacio Gi Pechuán, Juan José Guarch Bertolín, Daniel Palacios Marqués. Servicio de Publicaciones de la UPV. Colección Libro Docente. ISBN: 84-7721-593-6

10. "Implantación de Aplicaciones Informáticas de Gestión". José Ramón Oliva Haba. Serie INFORMATICA. ISBN: 84-9732-318-1. Editorial Thomson PARANINFO

11. "Implantación y mantenimiento de aplicaciones ofimáticas y corporativas". Serie CICLOS FORMATIVOS. McGraw-Hill. ISBN: 84-481-9942-1

12. MICROSOFT http://www.microsoft.com

13. WIKIPEDIA: http://es.wikipedia.org/

14. OPENBRAVO: http://www.openbravo.es

15. http://www.guellconsulting.com/servicios/internet/gestion_documental/es

16. http://www.aplicacionesempresariales.com/empresa/openbravo-perfecto-para-la-gestion-de-pymes.html

17. Artículo "Sistemas de gestión, la elección más difícil" por Computing Pymes [05-01-2006] http://www.gestiopolis.com/canales/emprendedora/articulos/58/consulto.htm

18. PODCAST: http://www.vidadeunconsultor.com/2007/03/podcast-monografico-sobre-consultoria/

19. Artículo de la revista PC_ACTUAL:

http://www.pc-actual.com/Actualidad/Reportajes/Informática_personal/Software/20051220056

20. BI: http://www.is-portal.com/bi/cmt/documents/Business%20Intelligence.pdf

21. PORTAL DE LOS SISTEMAS DE INFORMACIÓN : http://www.is-portal.com/

22. http://www.tcpipmagazine.com

23. Microsoft Dynamics CRM versión 3.0. Suggested Hardware for Deployment up to 250 Concurrent Users". White Paper. October 2006

24. SUGARCRM: http://www.smartsales.com.ar/sugarcrm.html

25. SUGARCRM: http://www.sugarcrm.com

26. Manual de SugarCRM de ABARTIATEAM:

http://www.abartiateam.com/Manual%20de%20Sugar%20CRM.pdf

27. ORACLE ESPAÑA: http://www.oracle.com/global/es/index.html

28. http://www.abast.es/

29. BLOGSPOT: http://javiersahagun.blogspot.com/search?q=sap

30. Soluciones SAS, forum de Business Intelligence: http://www.sas.com/offices/europe/spain/index.html

31. PORTAL DE LOS SISTEMAS DE INFORMACIÓN: http://www.is-portal.com/

32. BARC (Business Application Research Center): forums, folletos informativos, http://www.barc-spain.com/catalogo.php

33. PORTAL DE INFORMACIÓN DE ERP'S EN ESPAÑA: http://www.erpspain.com

34. SAP: http://www.sap.com

35. SAGE CRM en sus versiones Estándar (Módulo de Automatización de la fuerza de ventas) y Premium (Módulo de Automatización de la fuerza de ventas, Marketing Avanzado y Soporte a Clientes): http://www.sagecrm.es/products/sagecrm.htm

36. SALESFORCE.com: www.salesforce.com/es/

37. B-KIN: http://www.b-kin.com

38. SplendidCRM Open-Source 1.4: http://www.splendidcrm.com/ .

39. B2cglobal: http://www.b2cglobal.net/content/view/15/42/

40. BUSINESS INTELLIGENCE:

http://www.ibermatica.com/ibermatica/publicaciones/BusinessIntelligence.pdf

41. IBM ESPAÑA: http://www.ibm.com/es/

42. OPENOFFICE: http://es.openoffice.org/

Información sobre CopyRight

- Oracle, E-Business Suite, JD Edwards, Siebel y Peoplesoft son marcas registradas de Oracle Corporation.
- Microsoft, Windows, Windows NT, Windows Server, PowerPoint, Word, Excel, Access, SQLServer, Microsoft Office, Outlook, FrontPage, Hotmail, Microsoft Dynamics CRM, Microsoft Dynamics NAV, Visual FoxPro, MSN Messenger, Microsoft Movie Maker, Windows Media Player y el resto de productos citados de Microsoft son marcas o marcas registradas de Microsoft Corporation.
- IBM, DB2, Informix, Lotus SmartSuite, Lotus Word Pro, Lotus 123, Lotus Freelance y otros productos de IBM son marcas o marcas registradas de IBM Corporation
- UNIX es marca registrada de Open Group
- HTML, XML, XHTML y W3C son marcas o marcas registradas de W3C, World Wide Web Consortium
- Sun, Sun Microsystems, Java, Solaris, StarOffice son marca o marcas registradas de Sun Microsystems, Inc.
- SAP, R/3, mySAP, SAP NetWeaver y otros productos de SAP son marcas o marcas registradas de SAP AG
- Meta4 es marca registrada de Meta4
- Apple, Apple Store,iMac, QuickTime, iPod, eMac, PowerBook, iBook, Power Mac y Xserve son marcas o marcas registradas de Apple Computer
- ContaPlus, FacturaPlus son marcas o marcas registradas de SAGE SP, S.A.
- ContaWin, Islawin son marcas o marcas registradas de Isla Soft S.L.
- Corel WordPerfect, Corel Presentations, Corel Draw, Corel Photo Paint, Corel Painter, Quattro Pro y demás productos de Core, son marcas o marcas registradas de Corel Corporation
- dQuery y dBASE son marcas registradas de dataBased Intelligence, Inc.
- MySQL es una marca registrada de MYSQL AB
- PostGreSQL es marca o marca registrads de PostgreSQL Global Development Group
- Yahoo es marca o marca registrada de Yahoo Iberia, S.L. Sociedad Unipersonal
- ICQ es marca o marca registrada de ICQ Inc.
- Skype es marca o marca registrada de Skype Limited

www.ingramcontent.com/pod-product-compliance
Ingram Content Group UK Ltd.
Pitfield, Milton Keynes, MK11 3LW, UK
UKHW050614260726
13967UKWH00008B/2854

9 781847 990754